认罪认罚从宽制度背景下刑事和解与附带民事诉讼的协调

穆远征 著

湘潭大学出版社

目　录

第一章　制度目标

第一节　贯彻宽严相济刑事政策

作为我国的基本刑事政策之一，宽严相济刑事政策贯穿于刑事立法、司法和刑罚执行的全过程，是司法机关惩罚犯罪、预防犯罪、保护人民、保障人权、正确实施国家法律的指南。[①] 宽严相济的刑事政策强调，对于犯罪行为不能一概而论，要依据犯罪的不同情况进行区别对待，如案件性质、情节和社会危险性等。争取做到该宽则宽，当严则严，宽严相济，罚当其罪，尽可能地减少社会中的对立面与冲突矛盾，促进社会和谐稳定，确保办案法律效果和社会效果的统一。[②]

中华人民共和国成立以来，我国的刑事政策主要经历了四个不同的时期。[③] 第一个时期是初步发展时期，1949 年到 1965 年正处于中华人民共和国成立初期，最主要的社会矛盾是阶级之间的矛盾，最重要的任务是打击敌对势力，保护好尚未发展壮大的革命政权，在该情况下我国提出了“镇压与宽大相结合”的刑事政策。[④] 第二个时期是遭受破坏时期，三大改造完成

---

① 《最高人民法院印发〈关于贯彻宽严相济刑事政策的若干意见〉的通知》，载最高人民法院网：https：//www. court. gov. cn/fabu - xiangqing - 174. html，最后访问时间：2022 年 8 月 27 日。

② 苗生明，周颖：《认罪认罚从宽制度适用的基本问题——〈关于适用认罪认罚从宽制度的指导意见〉的理解和适用》，载《中国刑事法杂志》2019 年第 6 期。

③ 马克昌：《中国刑事政策学》，武汉大学出版社 1992 年版，第 48—62 页；卢建平主编：《刑事政策学》，中国人民大学出版社 2007 年版，第 124—136 页。

④ 黄春燕：《宽严相济刑事政策古今考辨》，载《南京社会科学》2018 年第 2 期。

后，阶级矛盾不再是我国的社会主要矛盾，取而代之的是内部矛盾，根据国内情况的转变，我国也提出了新的刑事政策，即“惩办与宽大相结合”的刑事政策。① 第三个时期是恢复与发展时期，1966 年，“文化大革命”爆发，我国的法治体系遭受了巨大的冲击，根本无法正常运转，确立的刑事政策也难以发挥其指导作用，陷入了法律虚无主义。1978 年，党的十一届三中全会召开，“惩办与宽大相结合”刑事政策也开始恢复其作用，此后我国也对一系列刑事政策的具体内涵进行了明确与阐释。21 世纪以来，我国的法治水平不断提高，宽缓精神成为我国刑事政策的重中之重。② 2006 年 10 月，《中共中央关于构建社会主义和谐社会若干重大问题的决定》指出，实施宽严相济的刑事司法政策，至此从全党、全国的高度确立了宽严相济政策为我国的基本刑事政策。

宽严相济刑事政策的核心理念是对犯罪的具体情况具体分析，区别对待，宽严相济，罚当其罪，对我国的司法实践发挥着重要的指导作用。而作为我国司法体制改革的重要组成部分，认罪认罚从宽制度、刑事和解制度和附带民事诉讼制度在其实际运行中坚持贯彻落实宽严相济刑事政策，并将其作为重要的制度目标。

一、认罪认罚从宽制度

根据“两高三部”印发的《关于适用认罪认罚从宽制度的指导意见》

---

① 时延安，薛双喜：《中国刑事政策专题整理》，中国人民公安大学出版社 2010 年版，第 100—104 页。

② 张正新，吴加明：《宽容地对待犯罪——和谐社会视域下刑事政策的必然选择》，载赵秉志主编：《和谐社会的刑事法治》（上卷），中国人民公安大学出版社 2006 年版，第 297—298 页。

（以下简称《指导意见》）第 1 条的规定[1]，在适用和落实认罪认罚从宽制度的过程中，应贯彻宽严相济刑事政策。宽严相济刑事政策既是其基本原则，亦是其制度目标。该目标又可以细分为两个部分，即程序处理与实体处分中的宽严相济。前者主要体现在认罪认罚对强制措施的影响情况，以及在认罪认罚中特殊情形下可以终止诉讼的情况。后者则将重点置于认罪认罚中对犯罪嫌疑人、被告人的自愿性进行保障的一系列规定，如值班律师制度和不同阶段保障知情权等相关规定。[2]

（一）保障程序处理上的宽严相济

不同于程序分流，此处所指的“程序处理”并非指纯粹的程序法意义的相关处理，其中亦囊括了部分实体法的色彩，在刑事案件中当事人的人身自由也会受其影响。

一方面，认罪认罚从宽程序对降低审前羁押率发挥着积极的促进作用。作为我国严厉程度之最的强制措施，逮捕措施在我国刑事司法中适用率还是较高的。这是我国社会中重点关注的问题，也一直为社会各界所诟诘。2012 年，《刑事诉讼法》对逮捕的适用条件进行了修改，适用逮捕的核心条件为必要性条件，而社会危险性又是其中的核心影响因素。2018 年，《刑事诉讼法》再度修改，并在逮捕的适用条件中增添关于认罪认罚的相关规定。为了在司法实践中更好帮助司法机关全面、科学地审查社会危险性的影响要素，其规定“应当将犯罪嫌疑人、被告人涉嫌犯罪的性质、情节，认罪认

---

① 《指导意见》第 1 条：贯彻宽严相济刑事政策。落实认罪认罚从宽制度，应当根据犯罪的具体情况，区分案件性质、情节和对社会的危害程度，实行区别对待，做到该宽则宽，当严则严，宽严相济，罚当其罪。对可能判处三年有期徒刑以下刑罚的认罪认罚案件，要尽量依法从简从快从宽办理，探索相适应的处理原则和办案方式；对因民间矛盾引发的犯罪，犯罪嫌疑人、被告人自愿认罪、真诚悔罪并取得谅解、达成和解、尚未严重影响人民群众安全感的，要积极适用认罪认罚从宽制度，特别是对其中社会危害不大的初犯、偶犯、过失犯、未成年犯，一般应当体现从宽；对严重危害国家安全、公共安全犯罪，严重暴力犯罪，以及社会普遍关注的重大敏感案件，应当慎重把握从宽，避免案件处理明显违背人民群众的公平正义观念。

② 张泽涛：《认罪认罚从宽制度立法目的的波动化及其定位回归》，载《法学杂志》2019 年第 10 期。

罚等情况，作为是否可能发生社会危险性的考虑因素”。[①] 这样一来，即便某案的犯罪嫌疑人符合逮捕的其他适用条件，也可能因为其认罪认罚等情形，被认定为社会危险性较低而不予逮捕。从实践操作上来看，这将使得司法机关不批准逮捕的可能性提高，拥有较高的程序意义。

另一方面，根据《刑事诉讼法》第 182 条的规定，犯罪嫌疑人认罪，且符合“重大立功”或“重大利益”的情况，对其可以作出从宽处理，主要包含撤销案件，不起诉或对数罪中的一项或多项不起诉。该规定属于一条极为特殊的条款，是对《刑事诉讼法》第 16 条犯罪追究范围的突破，也是对检察机关既有的不起诉规定的打破。当然，要达成此项制度规定的从宽处理也并非易事，《刑事诉讼法》对其进行了三重限制。犯罪嫌疑人、被告人不仅需要符合“重大立功”或“涉及国家重大利益”，而且被严格限定于“维护外交、国家安全、反恐等重大国家利益和公共利益的特殊案件”，在程序上还需要经过最高人民检察院的核准。综上所述，立法上已经明确规定了认罪认罚从宽制度在程序处理上的宽严相济，但需要说明的是，其适用的只是诉讼程序的部分环节。

（二）保障实体处理上的宽严相济

对于如何在实体法上落实认罪认罚从宽制度，在实体上精确地“从宽”

---

① 2012 年《刑事诉讼法》79 条：对有证据证明有犯罪事实，可能判处徒刑以上刑罚的犯罪嫌疑人、被告人，采取取保候审尚不足以防止发生下列社会危险性的，应当予以逮捕：（一）可能实施新的犯罪的；（二）有危害国家安全、公共安全或者社会秩序的现实危险的；（三）可能毁灭、伪造证据，干扰证人作证或者串供的；（四）可能对被害人、举报人、控告人实施打击报复的；（五）企图自杀或者逃跑的。

对有证据证明有犯罪事实，可能判处十年有期徒刑以上刑罚的，或者有证据证明有犯罪事实，可能判处徒刑以上刑罚，曾经故意犯罪或者身份不明的，应当予以逮捕。

被取保候审、监视居住的犯罪嫌疑人、被告人违反取保候审、监视居住规定，情节严重的，可以予以逮捕。

2012 年《刑事诉讼法》规定，逮捕必须满足三个条件：有证据证明有犯罪事实、可能判处徒刑以上刑罚和有逮捕的必要，其中社会危险性是逮捕必要性的核心影响因素。2018 年《刑事诉讼法》将第 79 条改为第 81 条，增加 1 款，作为第 2 款：批准或者决定逮捕，应当将犯罪嫌疑人、被告人涉嫌犯罪的性质、情节，认罪认罚等情况，作为是否可能发生社会危险性的考虑因素。

是一个难题。不同于程序法在程序分流中的重要作用，在“实体从宽”中，我们不能企图仅仅通过刑事诉讼程序就将其直接实现，实际上，程序法更多是发挥辅助性的作用。在认罪认罚从宽制度“实体从宽”的保障中，刑事诉讼法的重点是保障犯罪嫌疑人、被告人认罪认罚的自愿性与明智性。举例来说，从程序分流角度来看，如果认罪认罚从宽制度没有在程序上进行分流，那么速裁程序就无法得以启动；而从实体从宽角度来看，在现有的法官调查取证权、检察官客观义务、刑事辩护全覆盖和非法证据排除等诸多已有的程序设计下，即便没有认罪认罚从宽制度的设计，也能在一定程度上保障犯罪嫌疑人、被告人认罪认罚的自愿性和明智性，对实体处理的精确性判断进行保障。当然，认罪认罚从宽制度的程序设计会使其拥有更好的处理效果，2018 年《刑事诉讼法》修改后，值班律师制度与权利告知制度分别从程序参与权和知情权两方面发挥作用，犯罪嫌疑人、被告人认罪认罚的自愿性能够得到更大程度的保障。

二、刑事和解制度

刑事和解是宽严相济刑事政策引领下司法先行的产物，在其运行中又将宽严相济刑事政策作为重要的制度目标。①《最高人民法院关于贯彻宽严相济刑事政策的若干意见》第 23 条的规定②，对于刑事被告人在案发后认罪悔罪，并积极向被害人赔礼道歉和赔偿损失的，在量刑时可以将以上情节纳入考量范围。对于因为民间纠纷，如婚姻关系、家庭矛盾等激化而引起的犯罪，如果被害人一方予以谅解，也可以将其纳入量刑考虑范围。在犯罪情节轻微的刑事案件中，被害人的谅解甚至可以使被告人有机会获得免予刑事处罚的从宽处理结果。2012 年，《刑事诉讼法》进行修改，新增一章作为第五编第二章，即“当事人和解的公诉案件诉讼程序”，根据其第 277 条的规

① 何剑：《认罪认罚从宽与刑事和解制度比较研究》，载《社会科学动态》2020 年第 10 期。

② 《最高人民法院关于贯彻宽严相济刑事政策的若干意见》第 23 条：被告人案发后对被害人积极进行赔偿，并认罪、悔罪的，依法可以作为酌定量刑情节予以考虑。因婚姻家庭等民间纠纷激化引发的犯罪，被害人及其家属对被告人表示谅解的，应当作为酌定量刑情节予以考虑。犯罪情节轻微，取得被害人谅解的，可以依法从宽处理，不需判处刑罚的，可以免予刑事处罚。

定，对于以下两种公诉案件，双方当事人可以进行刑事和解，一是因民间纠纷引起的，涉嫌刑法分则第四章、第五章规定的，可能判处三年有期徒刑以下刑罚的犯罪案件；二是除渎职犯罪以外的可能判处七年有期徒刑以下刑罚的过失犯罪案件。在上述两类案件中，如果加害人一方真诚悔罪，并积极赔偿道歉，而被害人一方也表示了谅解，愿意和解，那么双方当事人就可以进行刑事和解，继而达成和解协议。不难看出，上述两条规定的内涵是高度契合的。

刑事和解，在《刑事诉讼法》中称为“当事人和解的公诉案件诉讼程序”，是指在刑事诉讼程序运行过程中，犯罪嫌疑人、被告人积极向被害人一方赔礼道歉、弥补损失，在获得被害人一方的谅解后，与被害人一方进行刑事和解，继而达成和解协议后，公安司法机关对其从宽处理的案件处理方式。① 在刑事和解中，对于真诚悔罪、积极赔偿损失、赔礼道歉的犯罪嫌疑人、被告人，被害人一方会根据自己物质与精神需求选择是否谅解，在被害人表示愿意谅解时，双方当事人可以达成和解协议。而后，会由国家专门机关对其从宽处罚，其中包括从轻、减轻和免除刑罚。由此，犯罪嫌疑人、被告人为其犯罪行为造成的严重后果积极弥补，被害人在一定程度上获得精神与物质上的双重抚慰，被损害的社会关系也可以得到部分修复，从而实现该宽则宽、宽严相济、促进社会和谐稳定的目标。

三、附带民事诉讼制度

《最高人民法院关于贯彻宽严相济刑事政策的若干意见》第 41 条规定：“要尽可能把握一切有利于附带民事诉讼调解结案的积极因素，多做促进当事人双方和解的辨法析理工作，以更好地落实宽严相济刑事政策，努力做到

① 张军，陈卫东：《新刑事诉讼法疑难释解》，人民法院出版社 2012 年版，第 389 页。

案结事了。”[①] 除此之外，第 41 条还强调，除了被告人、辩护人与诉讼代理人外，还应该积极团结有关人员的力量，如被害人所在单位和社区基层组织的力量，积极发挥他们对附带民事诉讼调解工作的推动作用。争取通过调解的方式达成民事赔偿协议，满足被害人一方物质赔偿的需要，也可在一定程度上抚慰受害人的心灵创伤，获得其谅解，缓解双方当事人的矛盾，修复犯罪行为破坏的社会关系。

作为刑事诉讼的一项重要制度，附带民事诉讼是指在刑事诉讼中，在审判程序中对被告人刑事责任进行处理时，根据因犯罪行为遭受物质损失的被害人、人民检察院或者法律规定的其他权利人提出的请求，由人民法院一并处理因犯罪行为造成物质损失的民事赔偿诉讼活动。[②] 通过刑事附带民事诉讼，解决被告人刑事责任的同时，可以一并解决被害人物质损失的赔偿问题，并将被告人对被害人物质损失的赔偿情况纳入认定量刑的考虑范围。对积极赔偿的被告人，可以依法酌情从宽量刑。分析可知，附带民事诉讼制度有利于维护被害方的合法权益，化解社会矛盾，实现“案结事了”，切实贯彻落实宽严相济刑事政策。[③]

第二节　提高诉讼效率

公正与效率是对立统一的两个基本价值目标，也是我国刑事诉讼的两大基本价值追求。每一项刑事诉讼制度在设计时，既要保证公平正义这一基本底线，也要实现诉讼效率的基本要求。在我国刑事司法体系中，相较于效

---

① 《最高人民法院关于贯彻宽严相济刑事政策的若干意见》第 41 条规定：要尽可能把握一切有利于附带民事诉讼调解结案的积极因素，多做促进当事人双方和解的辨法析理工作，以更好地落实宽严相济刑事政策，努力做到案结事了。要充分发挥被告人、被害人所在单位、社区基层组织、辩护人、诉讼代理人和近亲属在附带民事诉讼调解工作中的积极作用，协调各方共同做好促进调解工作，尽可能通过调解达成民事赔偿协议并以此取得被害人及其家属对被告人的谅解，化解矛盾，促进社会和谐。

② 杨贝：《附带民事诉讼制度研究与实务》，中国政法大学出版社 2014 年版，第 15 页。

③ 李少平：《最高人民法院关于适用〈中华人民共和国刑事诉讼法〉的解释理解与适用》，人民法院出版社 2021 年版，第 274—295 页。

率，公正占有更为重要和核心的位置。但如果仅将视线投放到公正追求上，这既是对诉讼效率的无端忽视，也容易在过于追求公正价值的情况下导致司法资源的大量消耗，进而导致诉讼效率的下降，而这也同样难以达到追求公正的预期效果。我们从不否认公正的重要性，但其也并非刑事审判中的唯一价值目标。在审判程序的改革中，应将视野放宽，把公正目标与效率价值一同收入眼底，并将如何保持公正与效率之间的适当平衡作为改革的重要方向，这同样也是符合程序正义的重要举措。①

在当今的国际刑事司法领域中，提高诉讼效率已经成为重要价值追求与主流导向。在此背景下，创建适应与匹配不同案件的简易处理程序，争取实现案件繁简分流，分别处理的做法是许多国家都在尝试的行为。对于案情简单、争议不大的案件适用相对简易的程序，既节约了司法资源，也提高了诉讼效率。而对于案情复杂，争议较多的案件，可以投入更多的优势资源，来保障案件审理的质量，也能更好维护司法公正与权威。这种做法是对司法资源的优化配置，从而实现在整体上提高诉讼效率的目标。

一、认罪认罚从宽制度

通过司法正义来修复因犯罪行为而遭受破坏的社会关系，这是刑事司法的根本目的，也是刑事诉讼制度的根本目标。但如果只是一味追求公正，而丧失了刑罚及时性，刑事司法系统的运转难以达到预期目标，刑事诉讼制度也难以发挥其应有作用。21 世纪以来，我国经济社会发展失衡，也出现了大量形态各异的刑事犯罪，犯罪数量也在不断增长。在法律规定中，表现为不断调整增加的罪名。而刑罚范围的扩大也使得案多人少的矛盾愈发严重。2014 年刑事速裁程序开始试点，两年之后，认罪认罚从宽制度开始试点，2018 年《刑事诉讼法》修改，将前述两项制度正式确立。不难看出，认罪认罚从宽制度是基于提高诉讼效率的司法实践要求而被提出与推行的。由此，提高诉讼效率亦成为该制度的首要目标。在认罪认罚从宽制度中，大约 80% 以上的犯罪嫌疑人、被告人认罪的案件，有望以其在刑事案件中认罪认

① 陈卫东：《公正和效率——我国刑事审判程序改革的两个目标》，载《中国人民大学学报》2001 年第 5 期。

罚，来达到审查起诉与法庭审理的简易化处理，减少办案期限。①

那么认罪认罚从宽制度如何实现提高诉讼效率的目标？其主要是通过两种路径：对于案件事实清楚、争议不大的轻微刑事案件，可以适用简易程序或速裁程序，结合其他制度使得案件能够得到快速处理；对于案情复杂、争议较大，证据模糊或缺失的案件，认罪认罚从宽制度也能使其诉讼效率有一定提升。在认罪认罚从宽制度中，犯罪嫌疑人、被告人可以选择与公安司法机关合作。在侦查阶段，认罪认罚，配合侦查机关侦破案件的需求，使案件事实能更早被查清楚；在审查起诉阶段，接受检察机关的量刑建议，与其达成一致；在审判阶段，可以根据案件情况选择适用不同的简化程序，缩减法庭审理时间。通过在各个环节进行程序设计，形成整体刑事诉讼效率提高的合力。对于不符合认罪认罚从宽制度条件，复杂疑难的、有重要影响的不认罪案件，认罪认罚从宽制度也能通过将其节约下来的司法资源投入前述两种路径，来实现其诉讼效率提高的目标。②

二、刑事和解制度

现如今，我国刑事案件数量较大，案件的复杂程度也有所提升，现有司法资源还是较为紧张的。而刑事和解因其独特的程序设计与制度特点，能在一定程度上缓解司法资源紧张的压力，提高诉讼效率。

一方面，从个案角度来看，在刑事和解中，犯罪嫌疑人、被告人需要真诚悔罪，这同样也意味着犯罪嫌疑人、被告人的合作意愿。在其配合下，此类案件的证据搜集和事实认定面临的难度会大大降低。由此避免了公安司法机关因事实不清、证据不足而撤销案件、补充侦查的风险，有利于办案效率的提高。当然，不可否认的是，刑事和解因为其需要犯罪嫌疑人、被告人做到认罪悔罪，且满足被害人一方的物质与精神需求，其往往需要损耗更多的时间成本与人力成本，如果和解失败了，那么前面所消耗的资源就浪费了。从长远来看，我们应看到达成刑事和解可以节省大量司法资源，而且我们还应看到其对于缓解当事人矛盾，修复社会关系等的价值，这种代价是可以接

---

① 陈卫东：《认罪认罚从宽制度研究》，载《中国法学》2016 年第 2 期。

② 肖斐：《认罪认罚从宽与刑事和解制度衔接研究》，兰州大学 2020 年硕士学位论文。

受的。①

另一方面，从整体来看，个案的处理也会影响到司法体系的整体效率。在案件分流上，刑事和解也可以出一份力。对于符合刑事和解范围的，双方当事人自愿和解的，该案件能以更为快速、简易的方式推进。举例来说，在审判阶段，双方当事人达成刑事和解，其一审的服判息诉率一般在95%以上。且在刑事和解中往往都是即时赔偿的，执行的难度较小，可以从整体上节约审判资源。②

三、附带民事诉讼制度

有学者借用三角形定律来描述刑事附带民事诉讼的诉讼价值，在三角形定律中，两边之和必然大于第三边。刑事附带民事诉讼是在刑事诉讼中，附带性解决其中涉及的民事诉讼，是刑事诉讼与民事诉讼的结合。但其却并非两者的机械合并，虽然看似加重了刑事诉讼的负担，但正像第三边一般，其消耗的司法资源是小于两边之和的，这也体现了效率的法律价值。③ 在刑事附带民事诉讼中，案件的刑事责任与涉及的民事责任聚集到同一审判过程，避免了分开审理造成的司法资源的浪费，也减少了被害人一方的诉讼成本与诉累。

在刑事附带民事诉讼中，法院也能优化调整配置司法资源，提高诉讼效率。在提起附带民事诉讼的刑事案件中，虽然同时涉及刑事责任与民事责任的认定与处理，但案件事实是一致的。所以对于法院来说，是基于对同一犯罪事实的审查认定，将两个案件事实关系紧密甚至是无差别的诉讼一同处理。而无需另行组成合议庭、重复送达材料、排期开庭、法庭辩论、法庭调查、合议宣判等。在这种诉讼模式下，法院处理案件的效率会大大提升。对于双方当事人来说，也可以避免因为被害人另行提起民事诉讼，造成被告人

---

① 李卫红：《以审判为中心与刑事案件繁简分流——以刑事和解案件为研究对象》，载《山东警察学院学报》2016年第2期。

② 北京市朝阳区人民法院刑事和解课题组：《关于法院适用刑事和解程序的调研报告——以北京市某基层法院2013年刑事和解案件为样本》，载《人民司法》2014年第11期。

③ 邵世星，刘选：《刑事附带民事诉讼疑难问题研究》，中国检察出版社2002年版，第40页。

重复应诉，以及重复举证质证等情况，使双方避免长时间的起诉应诉导致的诉累。①

第三节　保护被害人权利

在人类社会的早期，解决纠纷的主要途径是私人之间进行的，同态复仇和血亲复仇都是可接受的。产生阶级与国家后，为了维护统治，统治者设立了专门的国家机关来承担对犯罪行为的追诉与制裁责任，这也在一定程度上排除了被害人的参与。1941 年，德国犯罪学家汉斯·冯·亨蒂希在《论作案者与受害者之间的相互影响》一文中提出被害人的地位，其强调“在犯罪进行过程中，受害者不再是被动的客体，而是主动的主体”。② 自此，国际上掀起了一股被害人学研究的浪潮，当时重点在通过研究被害人利益的相关内容，提出预防犯罪的措施，保障受害者的权益，包括被害人的地位以及被害人的赔偿问题等。

一、刑事和解制度

20 世纪 60 年代后期，对被害人的保护逐渐成为被害人学的研究重点。其中，有学者指出对被害人心理安抚的重要性。在保护被害人权利的过程中，损失赔偿能够弥补被害人因犯罪行为遭受的物质损失；赔礼道歉，获取谅解可以抚慰被害人因犯罪行为遭受的心理伤害。这两者都是非常重要的，很多时候，心理安抚与纾解还起着关键性作用。③ 在被害人学研究不断推进的过程中，刑事和解思想也由此产生。在刑事和解中，犯罪嫌疑人、被告人向被害人赔偿物质损失，并采取赔礼道歉等方式，安抚被害人的心理，争取获得被害人的谅解。对比传统的追诉模式和报应刑罚观念，刑事和解更能满足被害人的利益需求，也更能缓解双方当事人的冲突，修复因犯罪行为破坏

① 罗贵琼：《我国刑事附带民事诉讼制度的研究》，广西师范大学 2016 年硕士学位论文。

② 汉斯·约阿希姆·施耐德著：《犯罪学》，吴鑫涛，马君玉译，中国人民公安大学出版社 1990 年版，第 815 页。

③ 刘涛：《刑事诉讼主体论》，中国人民公安大学出版社 2005 年版，第 283 页。

的社会关系。

刑事和解主要从以下几方面实现对被害人权利的保护和救济：第一，被害人掌握程序启动的主动权。与其他公诉案件不同，在刑事和解程序的启动中，被害人拥有绝对的主动权。被害人可以自行提出刑事和解，也可以在公安司法机关建议下，结合自己的需求选择是否进行刑事和解，在无和解意愿时也拥有完全的拒绝权。第二，充分尊重被害人意愿。要想成功进行刑事和解，达成和解协议，最终的落脚点还是在被害人的意愿上。只有被害人表示愿意对犯罪嫌疑人、被告人谅解，刑事和解程序才能得以启动，也只有被害人认为犯罪嫌疑人、被告人的赔偿行为足以满足其物质损失与心理伤害，刑事和解协议才能成功签订。在刑事和解中，被害人拥有充分地表达自己意愿的机会。第三，有利于被害人心理的抚慰。在遭受犯罪行为侵害后，物质损失尚且可以通过其他方式得以弥补，但心理上造成的损伤却是较难修复的。如果能由制造犯罪的犯罪嫌疑人、被告人表达其真诚悔罪的态度，并真诚道歉，相信这将有利于被害人心理损伤的修复。①

二、认罪认罚从宽制度

在现代刑事司法中，保障当事人在刑事诉讼中充分的参与权是一种主流趋势。其中，充分尊重与保障被害人在诉讼中的主体地位，保障其合法权益，不仅有利于修复因犯罪破坏的社会关系，也将对认罪认罚从宽制度的施行效果产生直接影响。为此，《刑事诉讼法》明确规定，要尊重被害人及其诉讼代理人的意见。②《指导意见》也专门对被害人的权益保护进行专门规定，根据《指导意见》“被害方权益保障”一章中的规定，在办理认罪认罚案件中，公安司法机关应当尊重被害人一方的意见，听取被害人及其诉讼代理人的意见，并将犯罪嫌疑人、被告人是否赔偿被害方损失，取得被害方谅解，或者双方当事人之间是否达成和解协议、调解协议，作为是否对犯罪嫌

① 肖斐：《认罪认罚从宽与刑事和解制度衔接研究》，兰州大学2020年硕士学位论文。

② 《刑事诉讼法》第173条第1款：人民检察院审查案件，应当讯问犯罪嫌疑人，听取辩护人或者值班律师、被害人及其诉讼代理人的意见，并记录在案。辩护人或者值班律师、被害人及其诉讼代理人提出书面意见的，应当附卷。

疑人、被告人从宽处罚的考虑因素。①

（一）听取意见

根据《指导意见》的规定，在认罪认罚从宽程序中，被害人一方的意见是公安司法机关作出从宽处理的重要考虑要素，应当认真听取被害人一方的意见。在一些重大人身伤害的案件中，如果犯罪嫌疑人、被告人没有取得被害人的谅解，那么公安司法机关在对其进行从宽处理时，需要更加谨慎，要考虑从宽处理后的社会效果。

（二）促进和解谅解

为了使认罪认罚从宽制度在化解社会矛盾、促进社会和谐方面发挥更积极的作用，《指导意见》对公、检、法三机关促进和解谅解作出了规定。主要分为两部分：对于符合刑事和解范围的案件，公、检、法三机关应当发挥积极的促进作用，努力使双方当事人达成和解；对于不符合刑事和解范围的案件，公、检、法机关也应该促进犯罪嫌疑人、被告人积极向被害人赔偿道歉，获得被害人的谅解。当然，在促进达成和解谅解的过程中，公、检、法三机关应当就认罪认罚从宽制度和刑事和解制度的相关规定，向被害人释明，尊重被害人的意愿。

（三）被害人异议的处理

在司法实践中，经常会出现这样的情形，被害人对犯罪嫌疑人、被告人从宽的处理表示坚决的抗拒，对此，司法机关也受其困扰。《指导意见》规定，在此情况下，虽然被害人不具有程序选择权，但应充分尊重其意见。而且在犯罪嫌疑人、被告人认罪认罚，但没有退赃退赔、赔偿损失，未能与被害方达成调解或者和解协议的情况下，从宽时应当酌情减少。即虽然被害人不同意不影响认罪认罚从宽制度的适用，但仍然会影响最终的从宽幅度。②

---

① 李佳威：《论认罪认罚从宽制度中的被害人参与——兼议与刑事和解制度的区分与衔接》，载《辽宁公安司法管理干部学院学报》2021 年第 3 期。

② 苗生明，周颖：《认罪认罚从宽制度适用的基本问题——〈关于适用认罪认罚从宽制度的指导意见〉的理解和适用》，载《中国刑事法杂志》2019 年第 6 期。

三、附带民事诉讼制度

大多数犯罪行为在破坏社会秩序、危害公共利益的同时，也会使国家、集体财产和公民个人利益遭受损失。但在传统的刑事诉讼法中，相较于被害人的利益，公共利益和被告人的利益会得到更大的重视。从该角度来看，刑事附带民事诉讼制度为法律保护刑事被害人提供了一个方便的途径，使其可以在公诉之上请求对自己的民事权利进行保护。

在刑事附带民事诉讼中，司法机关会对刑事诉讼与附带民事诉讼一并处理，对于刑事被害人来说，其在解决民事诉讼请求的基础上，同样减少了诉讼的负累，节省了诉讼成本。更为重要的一点是，在刑事诉讼中，案件事实部分的证明责任会由国家机关承担，所以刑事附带民事诉讼原告人的举证责任，主要在因犯罪行为导致的损失数额。如此一来，相较于普通民事诉讼原告，刑事附带民事诉讼原告人在证明责任方面相对减轻，而这也有利于刑事案件被害人提起刑事附带民事诉讼，客观上对刑事被害人的合法权益起到保护作用。①

---

① 罗贵琼：《我国刑事附带民事诉讼制度的研究》，广西师范大学2016年硕士学位论文。

第二章　适用范围

第一节　认罪认罚从宽制度的适用范围

一、基本概念

认罪认罚从宽处罚，指自愿如实供述自身犯罪情况的犯罪嫌疑人或者被告人，自愿签署检察院出具的具结书，同意检察院的量刑建议并承认检察院指控的犯罪，从而使自己得到从宽处理。

首先，认罪认罚从宽处罚制度不是一项单独的制度或者规定，而是一种综合性的制度，即它是集合了以认罪认罚为基本概念的包含量刑、缓刑、自首、从宽处理、简易程序、速裁程序、量刑协商、具结书签署、刑事和解程序等一系列规定和制度的综合性制度；其次，认罪认罚从宽制度是一种有助于让犯罪嫌疑人或者被告人真诚认罪、诚心悔改、早日回归社会的激励机制，不是强迫犯罪嫌疑人或者被告人为了从宽处罚而不情愿地被动认罪认罚的制度；最后，认罪认罚从宽制度是包含了实体法和程序法的规定，是一个极具综合性的适用性制度，而不是单独的程序法规定的程序过程或者仅仅实体法规定的从宽处理。

二、适用范围

对于认罪认罚从宽制度的适用范围，相关法律规范①以及2018年修改的《刑事诉讼法》虽然没有作出十分明确的规定，但是根据《关于在部分地区开展刑事案件认罪认罚从宽制度试点工作的办法》（以下简称《试点办法》）第1条的规定，认罪认罚从宽这一制度适用于对检察院指控的犯罪事实没有异议、自愿如实供述自己罪行的犯罪嫌疑人或者刑事被告人，且该犯罪嫌疑人或刑事被告人同意检察院的量刑建议并签署具结书的案件。第2条又规定了适用认罪认罚从宽制度的四种否定性条件②，从这里可以看出，该《试点办法》并没有对“从宽”的案件具体类型等适用范围作出明确的限制。因此，认罪认罚从宽制度适用范围应当遵循开放性的基本原则，前提是只要犯罪嫌疑人或刑事被告人真诚、自愿“认罪”且“认罚”，都可以适用“从宽”制度。

首先，认罪认罚从宽制度适用于包括可能判处死刑在内的所有性质的刑事案件。法律可以给予任何犯罪嫌疑人、刑事被告人获得从宽处罚的机会，前提是只要该犯罪嫌疑人、刑事被告人在诉讼过程中自愿选择认罪认罚从宽制度，真诚悔罪，并且符合相关条件。这样，不仅有助于提高刑事诉讼效率，节约诉讼资源，还有利于保障犯罪嫌疑人、被告人的权利，因此不应限

---

① 相关法律规范包括第十二届全国人民代表大会常务委员会通过的《关于授权最高人民法院、最高人民检察院在部分地区开展刑事案件认罪认罚从宽制度试点工作的决定》（以下简称《授权决定》），最高人民法院、最高人民检察院会同公安部、国家安全部、司法部于2016年11月16日进一步发布的《关于在部分地区开展刑事案件认罪认罚从宽制度试点工作的办法》。

② 该四种否定性条件分别为：（一）犯罪嫌疑人、被告人是尚未完全丧失辩认或者控制自己行为能力的精神病人的；（二）未成年犯罪嫌疑人、被告人的法定代理人、辩护人对未成年人认罪认罚有异议的；（三）犯罪嫌疑人、被告人行为不构成犯罪的；（四）其他不宜适用的情形。

制案件的性质。此外，《试点办法》还进一步明确了制度的具体有关适用情形。[①] 由此可见，该《试点办法》规定的适用范围是量刑在有期徒刑以下的案件，但却对能否适用于判处无期徒刑或者死刑的案件没有作出明确的规定。然而根据《试点办法》第 26 条的规定，如果本办法没有规定的，在办理犯罪嫌疑人、被告人认罪认罚案件时，可以适用刑法或者刑事诉讼法等有关法律法规的规定。遵从该办法的刑事政策——办理认罪认罚案件要贯彻宽严相济，本文认为如果仅从量刑幅度而言，认罪认罚从宽制度的适用范围不能局限于有期徒刑及以下刑罚的刑事案件，而应当包括可能判处无期徒刑甚至死刑在内的所有性质的刑事案件。

其次，任何诉讼程序都可以适用认罪认罚从宽制度。《试点办法》第 16 条明确规定了认罪认罚从宽制度的范畴包含刑事速裁程序，第 18 条中又将简易程序纳入了认罪认罚从宽制度的范围，同时在《试点办法》的第 19 条中，规定了适用认罪认罚从宽制度时，速裁程序和简易程序可能转化为普通程序的情形。至于认罪认罚从宽制度可否适用于普通程序，虽然《试点办法》没有明确规定，但从《试点办法》第 26 条的规定可知[②]，1996 年起实施的《关于适用普通程序审理“被告人认罪案件”的若干意见（试行）》至今仍然在刑事司法实践中扮演着其应有的角色，而《试点办法》仅仅是认罪认罚从宽制度试点中的一个重要法律渊源。同时司法实践也证明了，这一司法解释对于规范普通程序中认罪认罚从宽制度的适用起着重要的引领作

---

① 《试点办法》第 16 条规定：对于基层人民法院管辖的可能判处三年有期徒刑以下刑罚的案件，事实清楚、证据充分，当事人对适用法律没有争议，被告人认罪认罚并同意适用速裁程序的，可以适用速裁程序，由审判员独任审判，送达期限不受刑事诉讼法规定的限制，不进行法庭调查、法庭辩论，当庭宣判，但在判决宣告前应当听取被告人的最后陈述。第 17 条规定，具有下列情形之一的，不适用速裁程序审理：（一）被告人是盲、聋、哑人的；（二）案件疑难、复杂，或者有重大社会影响的；（三）共同犯罪案件中部分被告人对指控事实、罪名、量刑建议有异议的；（四）被告人与被害人或者其代理人没有就附带民事赔偿等事项达成调解或者和解协议的；（五）其他不宜适用速裁程序的情形。第 18 条规定，对于基层人民法院管辖的可能判处三年有期徒刑以上刑罚的案件，被告人认罪认罚的，可以依法适用简易程序审判，在判决宣告前应当听取被告人的最后陈述，一般应当当庭宣判。

② 《试点办法》第 26 条规定：办理犯罪嫌疑人、被告人认罪认罚案件，本办法有规定的，按照本办法执行；本办法没有规定的，适用刑法、刑事诉讼法等有关规定。

用。因此，笔者认为任何诉讼程序都可以适用认罪认罚从宽制度，包括普通程序在内。

最后，无论是在侦查阶段、起诉阶段，抑或审判阶段，整个刑事诉讼过程都可以适用认罪认罚从宽制度。《试点办法》的第 8 条和第 9 条规定了侦查机关应当告知犯罪嫌疑人或者刑事被告人相关诉讼权利，同时解释清楚适用认罪认罚可能带来的法律后果，如果犯罪嫌疑人仍然能够自愿认罪认罚，应当记录在案并附在卷宗里。而《试点办法》的第 10 条至第 14 条则明确了在认罪认罚从宽这一制度中，检察院应当承担的在审查起诉过程中的相应职责。① 在第 15 条至第 23 条对认罪认罚从宽制度适用中，《试点办法》进一步详细地规定了法院在审判阶段应承担的具体职责，包括审查认罪认罚的自愿性，具结书的真实性与合法性，速裁、简易以及速裁的二审程序。笔者认为，为了优化诉讼资源，合理分流刑事案件，认罪认罚从宽制度应适用于

① 《试点办法》第 10 条规定：在审查起诉过程中，人民检察院应当告知犯罪嫌疑人享有的诉讼权利和认罪认罚可能导致的法律后果，就下列事项听取犯罪嫌疑人及其辩护人或者值班律师的意见，记录在案并附卷：（一）指控的罪名及适用的法律条款；（二）从轻、减轻或者免除处罚等从宽处罚的建议；（三）认罪认罚后案件审查适用的程序；（四）其他需要听取意见的情形。犯罪嫌疑人自愿认罪，同意量刑建议和程序适用的，应当在辩护人或者值班律师在场的情况下签署具结书。第 11 条规定：人民检察院向人民法院提起公诉的，应当在起诉书中写明被告人认罪认罚情况，提出量刑建议，并同时移送被告人的认罪认罚具结书等材料。量刑建议一般应当包括主刑、附加刑，并明确刑罚执行方式。可以提出相对明确的量刑幅度，也可以根据案件具体情况，提出确定刑期的量刑建议。建议判处财产刑的，一般应当提出确定的数额。第 12 条规定：对适用速裁程序的案件，人民检察院一般应当在受理后十日内作出是否提起公诉的决定；对可能判处的有期徒刑超过一年的，可以延长至十五日。第 13 条规定：犯罪嫌疑人自愿如实供述涉嫌犯罪的事实，有重大立功或者案件涉及国家重大利益的，经最高人民检察院批准，人民检察院可以作出不起诉决定，也可以对涉嫌数罪中的一项或者多项提起公诉。第 14 条规定：最高人民检察院批准不起诉的，或者经公安部提请批准撤销案件的，人民检察院、公安机关对查封、扣押、冻结的财物及其孳息，应当调查权属情况，查明是否属于违法所得或者依法应当追缴的其他涉案财物。案外人对查封、扣押、冻结的财物及其孳息提出权属异议的，应当进行审查。确认查封、扣押、冻结的财物及其孳息属于违法所得、违禁品或者供作案所用的本人财物，除依法返还被害人的以外，应当在撤销案件或者作出不起诉决定后三十日内予以收缴，一律上缴国库。对查封、扣押、冻结的财物及其孳息不能确认属于违法所得或者依法应当追缴的其他涉案财物的，不得收缴。

包括侦查、起诉、审判，一审、二审、死刑复核和审判监督整个刑事诉讼过程中。

如果只有轻罪案件或者简易、速裁程序，又或者审查起诉阶能适用认罪认罚从宽制度，则不利于减少社会对抗，维护当事人的合法权益，把普通程序、重罪案件、侦查、审判等整个诉讼过程都包含在内，才能更好地促进司法公正，合理配置司法资源，修复社会关系，同时也有利于推动刑事诉讼程序制度的层次化改造，进而推进以审判为中心的诉讼制度改革。但是，所有性质、所有诉讼程序、诉讼过程都可以适用认罪认罚从宽制度，并不等于都应当适用，在某些特殊情况下，对某些犯罪并不能适用。犯罪嫌疑人或刑事被告人认罪认罚，并不一定要对其“从宽”，是否“从宽”应当视具体情况而定，对于罪行极其严重、影响极其恶劣的犯罪，如重大的危害国家安全犯罪、恐怖活动犯罪、黑社会性质组织犯罪、重大毒品犯罪等，则要考虑到其社会危害性、人身危险性等情况，即使认罪认罚，也不可以从宽。

第二节　附带民事诉讼的适用范围

一、基本概念

附带民事诉讼是指，在刑事诉讼过程中，进入刑事审判程序处理被告人刑事责任的同时，根据因被告人犯罪行为所遭受物质损失的被害人、人民检察院或者法律规定的其他权利人提出的请求，由人民法院处理由于被告人犯罪行为所造成的物质损失的民事赔偿诉讼活动。①

二、适用范围

对于刑事附带民事诉讼的适用范围，《刑事诉讼法》第 101 条及《最高人民法院关于适用〈中华人民共和国刑事诉讼法〉的解释》（以下简称《解

① 杨贝：《附带民事诉讼制度研究与实务》，中国政法大学出版社 2014 年版，第 15 页。

释》）第175条进行了详细的规定。① 从法律规定上来看，刑事附带民事诉讼适用于所有刑事案件，前提是刑事被告人的犯罪行为给被害人造成了物质损失。

学术界对“物质损失”的理解，存在狭义说和广义说之争。狭义说认为对《刑事诉讼法》第101条规定的物质损失的理解，应当建立在《解释》第192条的基础上，以第192条为标准，特别是侵犯人身权利所造成的物质损失，即物质损失仅包括交通费、护理费、医疗费等为治疗和康复支付的合理费用，以及因误工减少的收入。② 如果造成被害人残疾，还应当赔偿残疾生活辅助具费等费用；造成被害人死亡的，则要赔偿丧葬费等费用。此处的“等”应当作为“等内”理解③，而不包括其他需要赔偿的损失。对于财物损坏而造成的物质损失没有另作说明，尽管最高人民法院2000年12月发布的《关于刑事附带民事诉讼范围问题的规定》（下文简称《规定》）已经被废止不再适用，但《规定》的第2条④仍有借鉴意义，物质损失包含已经遭受的实际损失和必然遭受的损失。⑤ 广义说则认为，物质损失应当将残疾赔偿金和死亡赔偿金包含在内，被抚养人生活费也应计算在内。⑥ 当然，无论是狭义说还是广义说，都对损害财物造成的物质损失没有异议。狭义说所主

---

① 《刑事诉讼法》第101条规定：被害人由于被告人的犯罪行为而遭受物质损失的，在刑事诉讼过程中，有权提起附带民事诉讼。被害人死亡或者丧失行为能力的，被害人的法定代理人、近亲属有权提起附带民事诉讼。《解释》第175条规定：被害人因人身权利受到犯罪侵犯或者财物被犯罪分子毁坏而遭受物质损失的，有权在刑事诉讼过程中提起附带民事诉讼；被害人死亡或者丧失行为能力的，其法定代理人、近亲属有权提起附带民事诉讼。

② 刘为波：《刑事附带民事诉讼制度修改内容的理解与适用》，载《法律适用》2013年第7期。

③ 胡云腾等：《关于适用〈中华人民共和国刑事诉讼法〉的解释理解与适用》，载《刑事审判参考》（2012年第5集），法律出版社2013年版，第119—124页

④ 《规定》第1条规定，被害人因犯罪行为遭受的物质损失，是指被害人因犯罪行为已经遭受的实际损失和必然遭受的损失。

⑤ 刘为波：《刑事附带民事诉讼制度修改内容的理解与适用》，载《法律适用》2013年第7期。

⑥ 田源：《刑事附带民事诉讼“两金”赔偿问题研究》，载《法学论坛》2017年第2期；胡学相，甘莉：《我国刑事被害人赔偿权的缺陷与完善——兼评相关司法解释的合理性》，载《法治研究》2016年第4期。

张的物质损失范围是从判决实际执行的角度进行论证，而不是从刑事案件民事责任理论的应然性出发，这一观点认为，如果物质损失认定过高，会超出犯罪人的赔偿能力范围，同时也会影响犯罪人的赔偿积极性，最终导致受害人得不到任何赔偿。① 此外，狭义说还认为刑事案件的赔偿适用法律与民事案件不同，那么赔偿标准理所当然应有所不同，因为犯罪人除需要赔偿被害人外，还要被科以刑罚，也因此，狭义说认为《民法典》中有关侵权行为的民事赔偿不能适用于有别于单纯民事侵权案件的刑事附带民事诉讼。广义说则根据《人身损害赔偿解释》的规定，认为残疾赔偿金与死亡赔偿金应当属于物质损失②，否则《解释》第192条将与第175条存在矛盾，解释不通。因为《解释》第175条第2款规定法院对被害人提起精神赔偿的附带民事诉讼不予受理。如此一来，将会造成法律适用上的内部矛盾，有违《宪法》规定的平等权。此外，广义说认为扩大赔偿范围并不会影响赔偿的执行。当然，广义说也没有明确提出犯罪人应当承担完全民事责任的观点，对民事部分进行裁决也不能完全适用民事法律。

第三节　刑事和解的适用范围

一、基本概念

当事人和解的公诉案件诉讼程序，又称刑事和解，是指在刑事诉讼程序运行过程中，加害人（即被告人或犯罪嫌疑人）与被害人及其亲属以认罪、赔偿、道歉等方式达成谅解与协议以后，国家专门机关不再追究刑事责任或者对其从轻处罚的一种案件处理方式。③

---

① 刘为波：《刑事附带民事诉讼制度修改内容的理解与适用》，载《法律适用》2013年第7期。

② 刘玫：《论公诉案件被害人诉讼权利的完善及保障》，载《中国政法大学学报》2017年第1期。

③ 张军，陈卫东：《新刑事诉讼法疑难释解》，人民法院出版社2012年版，第389页。

二、适用范围

《刑事诉讼法》第288条对刑事附带民事诉讼的适用条件进行了详细规定。① 从这一规定可以看出，只要符合一定的条件，刑事附带民事诉讼可适用于故意犯罪案件或过失犯罪案件。在分别对故意犯罪和过失犯罪进行解读前，我们应当对这一规定的综合性限制条件作一定说明——“犯罪嫌疑人、被告人在五年以内曾经故意犯罪的”，看似相似，但实则与一般累犯的规定不完全相同。这一规定表明，不管前后两次犯罪主体的年龄（未成年人不成立累犯），也不论犯罪的主观或者是否应受有期徒刑处罚（累犯必须是有期徒刑以上刑罚），唯一限制条件是前一次犯罪时其主观方面是故意即可，只要五年内曾经故意犯罪便不能适用刑事和解。因此，下文讨论的案件均是犯罪嫌疑人没有在五年内故意犯罪。

（一）故意犯罪案件适用情形的解读

《刑事诉讼法》第288条对公诉案件故意犯罪的刑事和解适用条件作了刑罚和犯罪类型的限制。根据该规定，只有当刑罚的条件满足“可能判处三年有期徒刑以下刑罚的”条件时，才有适用和解的可能性。因此，一些社会危害性较大的犯罪，如故意杀人罪、抢劫罪、强奸罪等通常不能适用和解。但也应该看到，“可能判处”即意味着这是“宣告刑”而非“法定刑”，而“宣告刑”的作出受到多种量刑因素的影响，即使上述处罚较重的犯罪的法定刑起点超过了三年，仍有可能判处三年以下有期徒刑。除此之外，该规定对犯罪类型进行了原因和范围的双重限制：“民间纠纷引起”，也就是说，并非所有“涉嫌刑法分则第四章、第五章”的犯罪都属于刑事和解的范围，只有由“民间纠纷”引起的刑事案件，才有适用的可能。因此，笔者认为该规定的限制重点不是故意犯罪，而是“民间纠纷”。

如果从严格意义上来讲，法律规范用语并不包含“民间纠纷”。“民间

---

① 《刑事诉讼法》第288条规定：因民间纠纷引起，涉嫌刑法分则第四章、第五章规定的犯罪案件，可能判处三年有期徒刑以下刑罚的，或者除渎职犯罪以外的可能判处七年有期徒刑以下刑罚的过失犯罪案件，犯罪嫌疑人、被告人真诚悔罪，通过向被害人赔偿损失、赔礼道歉等方式获得被害人谅解，被害人自愿和解的，双方当事人可以和解。

纠纷”顾名思义是指公民之间发生的纠纷，而这种纠纷通常因为人身、财产权益或其他矛盾而产生，它散见在民事法律文件或司法文件中。根据《公安机关办理刑事案件程序规定》第334条的规定，雇凶伤人、涉黑、寻衅滋事等五种行为不属于“民间纠纷”。同时，该条最后一项还规定了“其他不宜和解的”这一兜底性条件，根据解释的原理，笔者认为对“其他不宜和解”的“民间纠纷”应当根据该规定前五项的规定来进行解读，不能宽泛或随意理解。

第一，“雇凶伤害他人的”和“多次故意伤害他人身体的”这两个限定条件说明犯罪嫌疑人或刑事被告人的人身危险性较大，那么“其他不宜和解”的案件的犯罪嫌疑人或刑事被告人也应当具有较强的人身危险性，区别于一般可和解的案件犯罪嫌疑人。因此，如果犯罪嫌疑人的犯罪动机恶劣，则不能通过“其他不宜和解”以适用刑事和解制度。因为如果实际作案者有卑劣的犯罪动机，则表明该作案者具有严重的人身危险性①，当然，该恶劣动机的恶劣程度应当与雇凶伤人或多次伤人的恶劣程度相当，否则仍有适用和解的可能。从和谐社会的角度而言，如果作案者有卑劣的犯罪动机却能够适用三年有期徒刑以下刑罚，则说明该犯罪很有可能是未遂和预备形态，允许其与被害人和解，未尝到刑罚之痛苦滋味的他们可能在迅速回归社会后继续犯罪，危害社会。

第二，从该条第2项“涉及黑社会性质组织犯罪的”、第3项“涉及寻衅滋事的”和第4项“涉及聚众斗殴的”来看，这三种性质的犯罪均对公共安全有一定的危害，而不仅仅损害某一被害人的人身或财产权益，其侵害的法益通常不是公民个人的法益，即使凭借朴素的法律观念，也能辨别出该性质犯罪非“民间纠纷”。也就是说，并非涉及第四章和第五章的罪名都有适用刑事和解的可能。从刑法分则第四章、第五章的罪名来看，某些罪名已经明显超出“民间纠纷”的范围，例如组织出卖人体器官罪、刑讯逼供罪和暴力取证罪、侵犯少数民族风俗习惯罪、报复陷害罪、组织残疾人或儿童

---

① 只有当以“暴力或者其他方法公然侮辱他人或者捏造事实诽谤他人且情节严重的行为，没有对社会秩序和国家利益造成严重危害”时，才能够适用刑事和解；“以暴力干涉他人婚姻自由的行为”，必须没有造成被害人死亡的结果才能适用刑事和解；“虐待家庭成员且情节严重”的行为必须没有造成诸如被害人死亡或者重伤严重后果的才能适用刑事和解。

乞讨罪等。这些犯罪部分属于国家工作人员职权犯罪，部分属于扰乱公共秩序犯罪。但不能否认的是，实践中存在部分犯罪不符合“民间纠纷”条件的情况，仍以故意伤害罪等可以适用刑事和解的罪名论处，例如根据《关于办理组织和利用邪教组织犯罪案具体应用法律若干问题的解释》的规定，涉邪教组织犯罪有可能按照故意伤害罪或者故意杀人罪来处理，这种情况便不属于刑事和解的范畴，因此应该通过形式与实质相结合的方式来理解“民间纠纷”。

（二）过失犯罪案件适用情形的解读

对过失犯罪的限制，《规定》在第 288 条的第 1 款第 2 项中“除渎职犯罪以外的可能判处七年有期徒刑以下刑罚的”，与故意犯罪相同，是对刑罚和犯罪类型限制。通常而言，过失犯罪的法定最高刑是七年有期徒刑，判处七年有期徒刑以上的常见案件是“因逃逸致人死亡”的交通肇事罪案件，但交通肇事罪的其他情形仍有适用的可能。

除了刑罚，仍要讨论的是犯罪类型的解读，即应当对“渎职犯罪”进行何种理解。是不是所有涉及刑法分则第九章罪名的案件都不能适用刑事和解，还是说只有当犯罪主体是国家机关工作人员时才不适用和解？本文认为只有国家机关工作人员犯第九章的渎职罪名时才不能适用和解，行使国家机关工作人员职责的人员但没有国家机关工作人员编制的，以国家机关工作人员论。因为不能仅以这类犯罪没有明确的被害人就否定其成立刑事和解，限制普通公民适用刑事和解的资格，而且该项规定并没有像第 1 项规定那样指明“因民间纠纷引起”，刑法分则第二章危害公共安全罪就属于这种情况，而且司法实践中也确实存在第二章的过失犯罪适用刑事和解制度的情况。应当认为，立法机关作之所以作出了“渎职犯罪以外”的限制，主要是为了突显职权人员的责任，因为这类人员代表着国家行使权力，犯罪人与被害人明显处于主体不平等的地位，对其适用刑事和解制度，不能否认存在被害人迫于来自权力的压力而和解，违背刑事和解制度的应有价值。因此，笔者认为对于没有编制和没有职权的普通公众犯刑法分则第九章渎职犯罪依然可以适用刑事和解制度。

第四节 附带民事诉讼与刑事和解的趋同

随着传统刑事司法弊端的日益突显，刑事附带民事诉讼对被害人利益的保障不足，司法机关以实用为立场进行刑事和解的刑事司法实践。刑事和解的发展为解决附带民事诉讼的困境提供了理论支持，可知两种制度具有一定契合的基础。与此同时，以《刑法修正案（八）》《刑法修正案（九）》的出台，劳动教养制度被废除等为突出诱因，结合“立案登记制”改革等一系列举措的适用，我国刑事司法领域凸显出犯罪轻型化倾向，有限的司法资源难以满足解决司法纠纷的社会需求，新一轮司法改革开始力推认罪认罚从宽制度。认罪认罚从宽制度的价值取向之一是探索形成非对抗的诉讼格局，要求被告人认罪悔罪，积极向被害人赔礼道歉，赔偿损失，以降低被告人与被害人间的对立，达致社会和谐。在认罪认罚从宽制度的背景下，刑事和解与附带民事诉讼程序在现行《刑事诉讼法》中的并存，二者在受案范围、适用期间以及案件适用主体上存在一定程度的重合，在实践中易出现当事人在程序选择上的冲突及由此而来的程序衔接问题。①

从概念可以得知，附带民事诉讼制度以解决刑事被害人物质损失的民事赔偿为实体问题，在程序上以刑事诉讼的启动为前提。由于刑事司法对被害人权益保障的逐渐重视，刑事和解突出不仅被害人可获得物质赔偿，而且通过加害人的真诚悔罪使被害人得到心理抚慰。两种制度在价值取向方面都是为了实现受犯罪行为侵害的被害人获得合理的补偿，切实保障被害人的利益。

一、趋同的表现

（一）实体上的趋同：损害赔偿的限度与形式

对于如何准确界定附带民事诉讼的赔偿范围一直存在争议。附带民事诉

① 刘少军：《论当事人和解与刑事附带民事诉讼程序的衔接》，载《政法论坛》2016 年第 1 期。

讼的损害赔偿范围，是指被害人及其他权利人可以在哪些案件中提出附带民事诉讼，以及对被告人造成的哪些损失可以提起附带民事诉讼。现行《刑事诉讼法》将附带民事诉讼的赔偿规定为“因犯罪行为造成的物质损失”，从法条规定来看，需要明确界定“犯罪行为”和“物质损失”两个概念。并不是所有因犯罪行为造成的物质损失都可以提起附带民事诉讼，附带民事诉讼立法通过程序性或者实体性的规定对因犯罪行为造成的物质损失进行了限制，对于“犯罪行为”的具体范围，现行《刑事诉讼法》没有作出明确解释。对此，理论界和实务界存有不同观点。① 第一种观点认为：所有的犯罪行为都可以提起附带民事诉讼，即任何犯罪行为造成的物质损失，都属于附带民事诉讼的赔偿范围；第二种观点认为：只有当犯罪行为造成损害的案件才可以提出附带民事诉讼，即没有被害人和非法占有型案件不能提出附带民事诉讼；第三种观点认为：能否提起附带民事诉讼取决于该犯罪行为在客观上是否造成需要恢复并且能够恢复的损害后果。非法占有型的犯罪在进行追缴和责令退赔后仍不能弥补被害人所受的损失时，若被害人仍有财产可供赔偿，仍可以提起附带民事诉讼。

分析可知，第一种观点是严格按照法律字面含义进行解释，但在实践中有很多犯罪行为不能或者不需要犯罪人进行民事赔偿。后两种观点的主要争议集中于对于非法占有型的犯罪，该怎样理解附带民事赔偿与公安司法机关予以追缴和责令退赔的关系。根据《最高人民法院关于刑事附带民事诉讼范围问题的规定》的规定②，在盗窃、抢劫等犯罪行为中被害人被盗、被抢的财物，即属于该类“物质损失”，如果未能追缴或者已经灭失，应由人民法院判决直接予以追缴或者责令被告人退赔。

根据以上规定，“犯罪行为”的范围应为产生损害型犯罪。根据因犯罪

① 张军，陈卫东：《新刑事诉讼法疑难释解》，人民法院出版社2012年版，第184页。

② 《最高人民法院关于刑事附带民事诉讼范围问题的规定》第5条第1款规定：犯罪分子非法占有、处置被害人财产而使其遭受物质损失的，人民法院应当依法予以追缴或者责令退赔。被追缴、退赔的情况，人民法院可以作为量刑情节予以考虑。该司法解释目前已废除。

导致物质损失的方式不一样，犯罪行为可以分为占有型犯罪和损害型犯罪。[①] 占有型犯罪造成的损失即指《规定》所述情况，对此应根据《刑法》第64条的规定应当采取追缴、责令退赔措施进行处理，因而法律未将占有型犯罪造成的物质损失纳入刑事附带民事诉讼的赔偿范围；损害型犯罪造成的损失，是指因人身权利受到犯罪侵犯而遭受的物质损失或者财物被犯罪分子毁坏而遭受的物质损失，该损失不属于犯罪分子违法所得财物，所以只能通过民事司法程序进行赔偿，包括提起刑事附带民事诉讼。

关于“物质损失”的内涵，附带民事诉讼立法没有作出明确界定。通常，我们将“物质损失”与精神损失进行比较，简单来说，就是可用金钱来衡量的损失。物质损失在我国的民法理论中分为直接损失和间接损失两种。直接损失是指已经实际存在的财产和利益的减损，即实际发生的损害；间接损失是指预期将来能够得到的利益的减损，即将来可得利益的丧失。理论界和实务部门对于“物质损失”是否包括间接损失存在争议。对此，最高人民法院的司法解释规定物质损失包括已经遭受和必然遭受的损失。[②] 根据司法解释的规定，主要被害人的物质损失与被告人实施的犯罪行为之间存在符合刑法要求的因果关系，即两者之间存在一种必然的、内在的因果关系，该损失就应当属于附带民事诉讼的赔偿范围。

现行附带民事诉讼立法所规定的“物质损失”包括两个部分：一是由于被害人人身权利受到侵犯所造成的，二是由于被害人财物被毁坏所造成的。这一狭小范围与刑法、刑事诉讼法以及有关司法解释规定的附带民事诉讼案件范围相矛盾，模糊了附带民事诉讼的法律本质，与民法规定的“恢复原状或者折价赔偿”“并应当赔偿经济损失”相冲突。根据《解释》第

---

① 杨贝：《附带民事诉讼制度研究与实务》，中国政法大学出版社2014年版，第103页。

② 《最高人民法院关于刑事附带民事诉讼范围问题的规定》第2条规定：被害人因犯罪行为遭受的物质损失，是指被害人因犯罪行为已经遭受的实际损失和必然遭受的损失。

192 条第 2 款及第 3 款的规定可知[①]，最高人民法院的司法解释已经对因人身权利遭受犯罪侵害造成的“物质损失”范围作出了比较具体的界定，但必须注意到该司法解释并没有把民事人身损害赔偿中的“死亡赔偿金”“残疾赔偿金”“被抚/扶养人生活费”包含在内，以导致附带民事赔偿的金额大幅减少，甚至出现被害人死亡时得到更少赔偿金的现象，使得附带民事诉讼立法发生倒退。

附带民事诉讼成立的必备条件即必须是由于被告人的犯罪行为给被害人造成了物质损失。根据最高人民法院于 2002 年 7 月颁布的批复，附带民事诉讼彻底排除了被害人因犯罪行为受到的精神损害提起附带民事诉讼赔偿的可能性。[②]

根据《刑事诉讼法》的规定，刑事和解的方式主要列举为向被害人赔偿损失、赔礼道歉等获得被害人的谅解。从我国目前司法实践的具体情况来看，我国在适用刑事和解制度时通常采取的刑事和解方式有经济赔偿、恢复原状、社区服务、提供服务、赔礼道歉等。[③] 其中经常采取经济赔偿的方式，而且这种赔偿多属于一次性的经济赔偿。然而，对于经济赔偿这种刑事和解方式，社会公众对此存在争论，甚至对刑事和解制度形成了“花钱买刑”的印象。[④] 诚然，在刑事和解的过程中采取经济赔偿的方式换取从宽处理，形式上看起来确实像“花钱减刑”，但应该清楚的是，犯罪既然已经发

---

① 最高人民法院《关于适用〈中华人民共和国刑事诉讼法〉的解释》第 192 条第 2 款及第 3 款规定：犯罪行为造成被害人人身损害的，应当赔偿医疗费、护理费、交通费等为治疗和康复支付的合理费用，以及因误工减少的收入。造成被害人残疾的，还应当赔偿残疾生活辅助器具费等费用；造成被害人死亡的，还应当赔偿丧葬费等费用。驾驶机动车致人伤亡或者造成公私财产重大损失，构成犯罪的，依照《中华人民共和国道路交通安全法》第 76 条的规定确定赔偿责任。

② 最高人民法院 2002 年 7 月 15 日发布的《关于人民法院是否受理刑事案件被害人提起精神损害赔偿民事诉讼问题的批复》中规定，对于刑事案件被害人由于被告人的犯罪行为而遭受精神损失提起的附带民事诉讼，或者在该刑事案件审结以后，被害人另行提起精神损害民事诉讼的，人民法院不予受理。

③ 薛燕，李颖慧：《围绕三个案例，解释刑事和解方式的多元化》，载《中国检察官》2009 年第 1 期。

④ 王志祥：《刑事和解制度的多维探究》，北京师范大学出版社 2013 年版，第 155—156 页。

生，在很多东西无法恢复原状的前提下，金钱是弥补被害人所受损失的最优解，起到其他和解方式所不可替代的作用。

刑事和解方式具体又可分为物质性的刑事和解方式和精神性的刑事和解方式。物质性的刑事和解方式主要包括经济赔偿、劳务补偿、恢复原状等。经济赔偿，是指加害人交付一定数量的金钱、实物等形式来弥补被害人所遭受各项损失的一种和解方式。① 具体来说经济赔偿的方式不仅包括一次性的经济赔偿，还包括分期赔偿等形式。劳务补偿，是指以向被害人提供一定量的劳动或服务来弥补被害人因犯罪行为而遭受的各项损失的一种和解方式。② 该种方式解决了加害人因经济状况困难而无法对被害人进行经济补偿的问题。恢复原状，是指加害人应采取一切手段尽可能消除犯罪行为给被害人造成的不利后果，使社会秩序恢复到犯罪行为未发生之前的状态。该种方式主要适用于直接或者间接的侵犯财产利益的案件。③ 精神性的刑事和解方式主要包括赔礼道歉、恢复名誉、消除影响等形式。使当事人双方消除隔阂，并达成谅解的合意。为了加强对加害人自身的教育和改正，增强加害人的社会责任感，对被害人采取公益捐赠、社区服务等形式。在刑事和解中损害赔偿的方式主要为以经济赔偿为主导，赔礼道歉为必要的多元化方式。对于刑事和解达成的损害赔偿限度法律并未进行限制，只要致害人、被害人两方自愿、合法达成合意，即使赔偿的数额超过法定标准。

根据以上对比分析可知，两种制度在损害赔偿的限度与形式方面存在趋同。二者的价值取向都有满足被害人赔偿请求的内容，赔偿范围都包括物质损失的赔偿问题，并且二者损害赔偿的方式都是以经济赔偿为主。致力于解决被害人因犯罪行为遭受的损失赔偿问题，充分体现了“以被害人为中心”与“全面保护被害人权益”的基本思想，是对《刑事诉讼法》第 2 条确立的“人权保障”价值目标的有力支持。

（二）程序上的趋同：调解和解的内容与方式

2012 年《刑事诉讼法》第一次引入刑事和解制度，并认可刑事和解，

① 宋英辉：《刑事和解制度研究》，北京大学出版社 2011 年版，第 184 页。
② 宋英辉：《刑事和解制度研究》，北京大学出版社 2011 年版，第 189 页。
③ 宋英辉：《刑事和解制度研究》，北京大学出版社 2011 年版，第 190—191 页。

是我国刑事诉讼制度的一次重大突破，标志着我国刑事司法对刑事被害人诉讼权利的进一步充实。而附带民事诉讼其本质属于民事诉讼，调解制度在附带民事诉讼设立之初就已经确立。从最高人民法院《关于审理刑事案件程序的具体规定》，到最高人民法院《关于执行〈中华人民共和国刑事诉讼法〉若干问题的解释》，附带民事诉讼的调解规则都是以司法解释的形式发布，而2012年《刑事诉讼法》修改后，附带民事诉讼的调解制度首次得以以立法的形式确认①，确定了人民法院审理刑事附带民事案件可以以调解作为结案方式，并且调解协议具有法律效力，双方当事人应当遵守。在司法实践中，公安司法机关使用调解解决附带民事纠纷，取得了较好的社会效果。

附带民事诉讼调解，亦称法院调解，是指人民法院审理民事纠纷案件时，双方当事人在自愿接受调解的前提下，在查明事实、分清是非的基础上，在人民法院审判人员的主持下，双方当事人自愿就民事争议进行平等协商，达成协议，从而解决纠纷的诉讼活动。法院调解包括调解活动的进行和以调解的方式结案，由于都是在诉讼中进行的，所以又称为诉讼调解。在刑事诉讼中，除公权力机关允许民间调解机构促成和解外，调解的第三方一般都为公权力本身，这主要是考虑到刑事案件的社会危害性比较大。在我国，调解既是法院在审理民事案件过程中，贯彻调解原则进行的一项诉讼活动，又是法院行使审判权，解决民事纠纷，结束诉讼程序的一种方式，是我国民事诉讼法的特点，在民事诉讼中具有十分重要的意义。

适用刑事和解的案件，必须符合法律规定。根据《刑事诉讼法》第288条的规定可知，刑事和解的适用范围主要是从罪行性质、案件具有可和解性，以及再犯因素三个方面来进行判断。② 罪行性质分为两大类：一是因民间纠纷引起，涉嫌刑法分则第四章、第五章规定的犯罪案件，可能判处三年有期徒刑以下刑罚的；二是除渎职犯罪以外的可能判处七年有期徒刑以下刑罚的过失犯罪案件。但是，罪行性质只是确定案件能够和解的必要条件，在司法实践中，还需要考虑案件是否具有可和解性。判断一个案件是否具有可

---

① 在2018年修订的《刑事诉讼法》中，该条文已变更为第103条：“人民法院审理附带民事诉讼案件，可以进行调解，或者根据物质损失情况作出判决、裁定。”

② 张军，陈卫东：《新刑事诉讼法疑难释解》，人民法院出版社2012年版，第395页。

和解性，主要是从两个方面进行考察：一是案件有特定的被害人，并且被害人具有和解的意愿。从一定意义上说，刑事和解制度无疑为我国刑事司法提供了以“被害人—被告人”关系为中心的新型司法模式，凸显了被害人的中心地位，被害人成为刑事和解程序的启动者。二是案件造成后果的严重程度。有些过失犯罪，如失火、过失爆炸、过失投放危险物质等事故类过失犯罪，造成了严重的人员伤亡和财产损失，并在社会上产生了较大的影响。或者被告人对此没有足够的赔偿能力，案件即不具有可和解性。虽然根据《刑事诉讼法》界定刑事和解的范围宽泛，但根据是否具备可和解性判断后，能够进入刑事和解程序的公诉案件并不多。再犯因素是考察人身危险性的直接依据。《刑事诉讼法》第 288 条第 2 款规定：“犯罪嫌疑人、被告人在五年以内曾经故意犯罪的，不适用本章规定的程序。”即将五年以内曾经故意犯罪者排除在刑事和解范围之外，就是出于对累犯人身危险性的立法考量。

《刑事诉讼法》第 288 条列出了适用刑事和解必须满足的条件：①

1. 犯罪嫌疑人、被告人真诚悔罪

这一条件是指，犯罪嫌疑人、被告人认识到自己的犯罪行为给被害人造成身体损害、财产损失以及精神上的伤害，对这些危害结果有直观的了解，并且从内心深处进行反思和反省，发自内心希望弥补对被害人造成的损害。因而，如果犯罪嫌疑人、被告人没有真诚悔罪，即使形式上与被害人达成和解协议，被害人出于对经济赔偿的需要等原因谅解了犯罪嫌疑人、被告人，这种情况下也不能对犯罪嫌疑人、被告人适用刑事和解。因为如果不存在犯罪嫌疑人、被告人真诚悔罪这一前提条件，适用刑事和解不仅不能抚慰被害人，恢复被损坏的社会关系，而且还可能带来严重的不良社会影响，引发新的矛盾冲突。

2. 是犯罪嫌疑人、被告人与被害人自愿和解

自愿是刑事和解的原则性前提。这一条件是指，刑事和解程序的启动应

---

① 《刑事诉讼法》第 288 条第 1 款规定：下列公诉案件，犯罪嫌疑人、被告人真诚悔罪，通过向被害人赔偿损失、赔礼道歉等方式获得被害人谅解，被害人自愿和解的，双方当事人可以和解：（一）因民间纠纷引起，涉嫌刑法分则第四章、第五章规定的犯罪案件，可能判处三年有期徒刑以下刑罚的；（二）除渎职犯罪以外的可能判处七年有期徒刑以下刑罚的过失犯罪案件。

由加害人或者被害人提起，双方当事人合意选择刑事和解程序，并经过互相协商、谅解达成和解协议，当事人双方以及司法工作人员都不得强迫进行和解，不得强迫当事人接受和解内容。

从《刑事诉讼法》第289条的规定可知①，刑事和解适用于侦查、起诉和审判三个阶段，无论是在哪个阶段达成和解，办案机关都需要对和解协议的自愿性、合法性进行审查。

根据《刑事诉讼法》第290条的规定②，对于达成刑事和解的多数案件依旧需要追究刑事责任，只有犯罪情节轻微，不需要判处刑罚的，才能不追究刑事责任。建立在自愿、平等、公平基础上具有契约性的和解协议必须接受国家公权力的监督，以确保刑事和解的合法性和公正性，避免极端的刑法私法化现象。犯罪嫌疑人、被告人与被害人之间达成的刑事和解作为一种酌定的量刑情节，能否导致刑罚从轻、减轻、免除甚至不追究刑事责任的效果，取决于司法机关的最终认定。由此可知，刑事和解不同于加害人与被害人之间的和解，“刑事和解所承载的国家、被害人、被告人的三方法律关系并非是一种均衡的——即三方享有同等或对等权利的关系，这一法律关系是以被害人选择是否接受和解、启动诉讼程序的权利为核心构建起来的”，③并且以司法机关认可和解协议，减免刑事责任而最终终结诉讼程序。

关于刑事和解的方式，《刑事诉讼法》第289条的规定既强调双方当事人自行和解的方式，又强调发挥公安机关、人民检察院和人民法院的职权作用，即有权主持制作和解协议书。

---

① 《刑事诉讼法》第289条规定：双方当事人和解的，公安机关、人民检察院、人民法院应当听取当事人和其他有关人员的意见，对和解的自愿性、合法性进行审查，并主持制作和解协议书。

② 《刑事诉讼法》第290条规定：对于达成和解协议的案件，公安机关可以向人民检察院提出从宽处理的建议。人民检察院可以向人民法院提出从宽处罚的建议；对于犯罪情节轻微，不需要判处刑罚的，可以作出不起诉的决定。人民法院可以依法对被告人从宽处罚。

③ 徐阳：《刑事和解中权力过度推进之危害及其防范——被害人保障维度的考量》，载《法学评论》2009年第6期。

二、趋同的原因

（一）传统附带民事诉讼的困境与刑事和解产生的因果关系

刑事附带民事诉讼虽然属于刑事诉讼法学的边缘性问题，但却是在司法实践中存在多年的难点问题。由于受传统“重刑轻民”的法制思想影响，我国附带民事诉讼制度的设计存在比较大的缺陷以及不合理之处，与现代的司法理念要求存在冲突，在司法实践中缺乏合理性和可操作性，对附带民事诉讼当事人合法权益的保护缺乏保障。附带民事诉讼从确立以来，在理论界和实务界一直存在质疑，主要是因为附带民事诉讼存在诸多难以有效解决的困境。①

1. 传统附带民事诉讼的困境

（1）附带民事诉讼的立法缺陷

通过比较和总结 1979 年至 2012 年这三十多年附带民事诉讼立法的发展，我国附带民事诉讼制度已经达到了相对完善的阶段，在司法实践中，法官能够熟练运用现行法律审理附带民事诉讼案件。因此，目前附带民事诉讼司法实践中出现的争议，主要表现在刑事被害人的诉求与现行法律制度之间存在的矛盾。经过分析《刑法》《刑事诉讼法》及相关司法解释中的相关规定，可知我国附带民事诉讼立法及司法解释的特点主要为：一是法典内容过于简单和原则化，实际操作性不强。即我国附带民事诉讼制度的设计过于简单、笼统，并且缺乏科学性、合理性，在司法实践中易出现不同的理论认识。二是部门法之间存在矛盾，破坏了法律体系的统一，引起了较多的争议。附带民事诉讼的立法缺陷具体体现在以下几个方面：第一，附带民事诉讼主体的问题。关于附带民事诉讼的原告资格，2012 年修改的《刑事诉讼法》规定，有权提起附带民事诉讼的权利人包括：刑事被害人、已死亡或丧失行为能力的被害人的近亲属及其法定代理人。而对于为被害人垫付医疗费、丧葬费等费用的单位和个人，民法规范中的部分近亲属和继承人，以及实际由被害人扶养、赡养的人，现行附带民事诉讼立法并没有规定其为提起

① 谌鸿伟，贾伟杰：《我国刑事附带民事诉讼制度的设计缺陷及重构》，载《法学评论》2006 年第 2 期。

附带民事诉讼的原告。参考其他国家关于附带民事诉讼的法律规定可知，在被害人死亡的情况下，继承人有权提起附带民事诉讼。这一立法缺陷，剥夺了享有民事实体权利和诉讼权利的人提起附带民事诉讼的权利，不利于民事权利的保障。关于附带民事诉讼的被告资格，主要涉及共同侵权情况下的责任承担，根据《民法典》的相关规定，在民事法律框架下，共同直接实施了同一侵权行为，或者间接参与了侵权行为实施的人，都可能成为承担民事赔偿责任的主体。在现行附带民事诉讼制度中，最高人民法院《关于适用〈中华人民共和国刑事诉讼法〉的解释》关于共同犯罪案件的规定，明确否定了原告人通过附带民事诉讼程序，向共同犯罪中的在逃犯罪嫌疑人提起民事赔偿的权利。即使在逃犯罪嫌疑人经济状况比较好，有财产可供执行，但只要其未到案，被害人就无法通过附带民事诉讼程序向其追偿，不利于被害人及时行使权利，弥补自己所受的损害。

第二，附带民事诉讼赔偿范围的问题。首先，关于物质损失的范围规定模糊，在现行附带民事诉讼立法中，被害人因犯罪行为而遭受的“损失”出现了三种概念。最高人民法院的司法解释未将民事人身损害赔偿中的“死亡赔偿金”“残疾赔偿金”“被抚/扶养人生活费”包含在损失之中。附带民事诉讼立法的这一倒退，使得附带民事诉讼赔偿的金额大幅减少，甚至出现被害人死亡时所获得的赔偿更少的不合理局面。其次，对于精神损害赔偿是否纳入赔偿范围的争论一直很激烈，理论界和实务界存在着否定说和肯定说两种观点。虽然认为应当将精神损害赔偿纳入附带民事赔偿范围的呼声很高，但现行附带民事诉讼立法依旧未将其纳入赔偿范围。但由于精神损害赔偿的复杂性，若允许在附带民事诉讼中提起精神损害赔偿容易导致整个诉讼进程的推迟，不仅无法及时实现刑事诉讼惩罚犯罪、保障人权的目的，也无法体现设立附带民事诉讼制度的效率价值。

第三，刑事损害赔偿的救济途径单一。从我国现行立法来看，虽然没有限制被害人只能通过附带民事诉讼解决民事赔偿问题，而且还赋予了被害人提起民事诉讼的权利。但仔细研究发现，这些规定并不能视为赋予了被害人真正意义上的程序选择权和独立的救济途径。从附带民事诉讼立法为刑事诉讼立法的一部分可知，“先刑后民”观念在现行立法和司法解释中得到明确的体现。根据现行附带民事诉讼立法，在法定期间未能提起附带民事诉讼的被害人，只能在刑事判决、裁定生效后另行提起民事诉讼。即在刑事诉讼程序终结前，被害人无法另行提起民事诉讼。对于经过追缴或者退赔仍然不能弥补损失的案件，被害人另行提起民事诉讼的，法条规定是人民法院“可以受理”，而不是“应当受理”。根据该规定可知，法律在被害人原本享有的法定诉权之上设置了裁量权，并规定由法院进行裁量，违背了“不得拒绝裁判”的法治基本原则。最后，即使被害人根据法律规定，符合法定条件，另行提起了民事诉讼，由于现行立法对于另行提起民事诉讼后的具体程序性规定没有规定，在司法实践中操作难度很大。并且等另行提起的民事判决作出时，如果被告人在刑事判决中被科以财产刑，或者被告人已经被执行死刑，或者被告人的财产已经转移，则被害人能够实际获得赔偿的难度更大，而且由于已经确定了被告人的刑事责任，被害人在另行提起的民事诉讼中，通过调解获得赔偿的可能性更小。

（2）附带民事诉讼执行难的问题

法律的生命力在于实施，一项制度的生命力也在于其是否能解决实践中出现的种种问题。附带民事诉讼制度能否最终实现其价值，取决于它的判决能否得到执行。在民事诉讼领域的执行难，一直是我国司法实务界面临的重大问题，附带民事诉讼同样面临该问题，多数刑事被告人由于自身状况，除调解结案之外，附带民事诉讼案件普遍存在生效判决难以得到全部执行的问题。[①] 由于附带民事案件本身具有特殊性，其执行更是难上加难。

第一，附带民事诉讼案件被执行人的经济状况一般较差。刑事案件的附带民事判决执行，如果没有被执行人的亲属愿意代为赔偿，则即使用尽所有的执行手段，被害人也难以获得足够的赔偿。第二，刑事处罚使被执行人丧失了创造财富的可能性。附带民事判决的执行，尤其是罪行比较严重的刑事犯罪，由于被执行人同时被处以刑罚，在其人身自由受到限制期间，不可能可以从事正常的工作，如果其没有其他的财产可供执行，则附带民事判决的执行只能陷于停顿。第三，在刑事程序终结后，才能启动民事执行程序。现行《刑事诉讼法》及司法解释明确了附带民事诉讼中的财产保全制度，对于解决判决后的执行问题有一定的积极意义，但这种积极意义只限于被告人已经到案的情形。对于尚未到案的被告人，即使其名下有可供执行的财产，

① 谢丽珍，刘宏武：《附带民事诉讼制度的进一步完善——以我国新〈刑事诉讼法〉为视角》，载《法学杂志》2013 年第 7 期。

也必须等到被告人到案后，才可提起附带民事诉讼予以执行，或者在刑事程序终结后，被害人另行提起附带民事诉讼进行执行。

从法院方面来看，附带民事诉讼执行的保障措施远远不够。一般民事执行的保障措施，对于拒不履行民事判决义务的被执行人，人民法院可以采取拘留、罚款、限制消费、限制出入境等措施，还可以根据实际情况在诉讼过程中，依法采取诉前财产保全或诉讼财产保全措施，以保障民事案件判决后执行的顺利进行。虽然最高人民法院的司法解释规定，一般民事案件执行的保障措施，原则上也可以适用于附带民事诉讼的执行。但在司法实践中，法院主动采取保全措施很少能够发挥其应有的作用。刑事法官在附带民事案件审理中忽视对被告人财产状况和线索的调查，对执行工作的重视程度不够，执行作为诉讼的最后一个阶段，是保障判决结果实现，体现法律执行力，保障当事人合法权益的关键环节。在立法和司法实践中，司法资源的分工配置应增加对执行工作的重视程度。

（3）附带民事诉讼调解制度的问题

在附带民事诉讼案件中，调解对于吸收当事人和社会的不满情绪，防止扩大纠纷，化解社会矛盾，修复受到损害的社会关系具有积极作用，有利于实现司法正义和诉讼效率价值。但是，近年来随着附带民事案件的逐年增加，附带民事诉讼调解制度也凸显出了许多程序和实体上的问题。主要体现为以下几个问题："先入为主"的庭前调解可行性分析，由于事实不清、证据未质证，在被告人是否要受刑罚处罚且承担民事责任不确定的情况下调解，是否有可能损害双方当事人利益；如何尊重和保障当事人的意愿，由于被告人往往处于相对弱势的地位，往往容易导致强迫调解现象的发生。司法实践中法官积极参与附带民事诉讼调解工作，职权主义色彩比较浓厚，容易出现"以压代调"的现象，不利于最大限度表达当事人的意志，违背自愿、合法的调解原则；附带民事诉讼调解与量刑制度仍不完善。由于信息的不对称、法官的倾向性以及最终的刑事裁判仍由司法机关掌握，在实际的调解工作中，确实出现了许多违背当事人意愿的情况。①

---

① 钱怀瑜：《关于刑事附带民事调解若干问题的思考》，载《甘肃社会科学》2009年第5期。

2. 刑事和解产生的因果关系

附带民事诉讼制度的设立是为了解决因犯罪所造成的损失的赔偿问题。正是因为在实践中，附带民事诉讼的赔偿判决很难得到执行，空判现象普遍，由于现实条件的限制，一时间我国难以学习国外经验设立完善的被害人国家补偿制度。被害人为了争取自己的利益，不得不放弃一部分报复欲望与犯罪嫌疑人、被害人达成和解。附带民事诉讼存在的司法困境是影响被害人是否接受刑事和解的因素之一。由于在附带民事诉讼中被害人处于边缘化的地位，对其权益的保护未得到足够的重视，2012 年《刑事诉讼法》修订后依旧未改变被害人的状况，在我国刑事诉讼中，根据被害人所拥有的诉讼权利和保障，其在我国刑事诉讼中最多不过是一个重要的“控方证人”和附带民事诉讼的原告而已。① 正因为如此，法院在附带民事诉讼中的调解成功率往往很低，所作的民事赔偿判决也通常大大低于一般的民事赔偿标准，并且被害人的经济赔偿通常难以实现，以致在连续数年的时间里，附带民事判决的执行率都为零。这显示出，在传统的刑事诉讼格局下，法院的有罪判决并不足以确保被害人获得有效的经济赔偿。刑事和解制度的出现，为我国刑事司法提供了一种以“被害人—被告人”关系为中心的新型司法模式。在刑事诉讼过程中加强了对被害人地位和利益的重视与保护，在适用刑事和解必须满足的条件中强调了，在犯罪嫌疑人、被告人真诚悔罪的前提下，通过向被害人赔偿损失、赔礼道歉等方式获得被害人谅解，被害人自愿和解的，双方当事人可以和解。在我国附带民事诉讼中赔偿范围仅限于物质损失，尚未包含精神损害赔偿，即使是直接物质损失的赔偿也受到犯罪人自身经济状况不理想或者被判以刑事处罚后丧失了赔偿被害人的动力与积极性，导致被害人难以获得赔偿。而刑事和解制度突出赔偿的责任形式将有利于及时保障被害人权益，弥补犯罪给被害人造成的损失。

（二）协商型司法与对抗式司法的衔接与界分

1996 年《刑事诉讼法》修改后，对抗式诉讼模式在我国刑事司法界产生了深刻影响。之后，我国刑事诉讼法学者的研究重点在于如何通过完善对

---

① 陈瑞华：《刑事诉讼的私力合作模式——刑事和解在中国的兴起》，载《中国法学》2006 年第 5 期。

抗式诉讼模式来进一步推进诉讼改革。而在以英美为代表的实行陪审制的国家，经过几十年的发展，纯粹的对抗模式受其固有的缺陷限制而越发显示出其不能承受现代司法之重的弊端。基于效益的追求，西方国家开始趋向于追求协商合作型司法模式，比如美国的辩诉交易、德国的恢复性司法等。正是在这种国际大背景下，我国进行刑事和解制度的改革，我国刑事和解制度起源于司法实践，但又完全不同于西方的改革模式。①

传统的刑事诉讼理念本质上是一种对抗型司法。以国家追诉主义为基础，强调国家对于犯罪者的治罪和统一行使刑罚权，国家公诉机关和被告人完全处于相互对立的地位，法院则是被定位于“中立的裁判者”，维持控辩双方之间的公正和公平。在刑事诉讼中，对抗式诉讼模式以控辩双方的诉讼对抗和法官的中立听证为基本特征，又称当事人主义诉讼模式。对抗式诉讼模式下，刑事案件的审理过程是由代表不同利益，甚或是相反利益的双方就事实或者证据进行辩论和对抗，由不偏不倚、中立公正的裁判者根据双方提出的证据和辩论，作出独立的判断。对抗式诉讼模式的精髓体现在庭审阶段，对于对抗制的运行过程，其主要表现为：第一，裁判者的中立性。纠纷的裁判者在诉讼中处于中立、消极的地位，与案件没有利害关系，对案件也不存在任何偏见。裁判者在法庭上必须完整听取双方辩论，不能先入为主。第二，庭前不作任何实质性审查，实行起诉状一本主义。对抗式诉讼以审判为中心，公正的审判必须在法官当庭听取控辩双方的争辩后作出。法官在庭审前不接触任何一方的证据材料，以防止法官预断和产生偏见，保障公正判决。第三，律师主导审判过程。律师参与诉讼是对抗式诉讼得以进行不可或缺的重要前提，一般来说对抗也主要是律师代表双方当事人进行对抗。第四，被追诉人被赋予一系列的程序公正权利。对抗式诉讼模式中，被追诉人拥有一系列诉讼权利，特别强调程序的公正性。这些权利包括：无罪推定的权利、不被强迫自证其罪的权利、避免双重危险的权利、交叉询问的权利、享有独立表达自己意见的权利和自由等。② 在法庭审判程序中，公开审判、直接言词审理原则，以及律师有效辩护、上诉制度、回避和管辖制度等，都

---

① 李金锋，龚政：《对刑事和解制度的理论评析》，载《决策与信息》2013 年第 10 期。

② 陈卫东，张月满：《对抗式诉讼模式研究》，载《中国法学》2009 年第 5 期。

体现了保证控辩双方平等对抗的宗旨。在近期的刑事诉讼立法中，学者主要提倡的任何人不得被强迫自证其罪原则、沉默权规则、非法证据排除规则、律师的讯问在场权、证据展示制度等，都是为保障控辩双方平等对抗，保证被告人获得有效司法救济。

然而，这些以“对抗性司法”为基础产生的理念，都与国家启动刑事追诉程序、被告人作无罪辩护有着密切关联。由于在我国的刑事司法实践中，在法庭上放弃无罪辩护的被告人占绝大部分，使得建立在国家与被告人平等对抗的诉讼模式在绝大多数刑事案件中无法发挥应有的作用。相反，在大多数刑事诉讼过程中，国家公诉机构与嫌疑人、被告人并不处于完全对立的地位，而有着进行各种合作的可能性。例如，在一些轻微刑事案件中，一旦被告人自愿认罪和认可检察官指控的罪名，法院则可以在征得检察院同意后适用简易程序，检察院在这种程序中将放弃出庭支持公诉，而由法院直接对被告人适用刑罚；对于普通刑事案件，被告人一旦自愿认罪，法院则可以采用“普通程序简化审”模式，在征得检察院同意的情况下，对被告人从轻量刑等。显然，刑事诉讼中并不都包含着“控辩双方的平等对抗”的过程，检察官与犯罪嫌疑人、被告人也完全可以进行协商合作。只要被告人自愿放弃无罪辩护，对检察院指控的罪名表示认同，控辩双方就可能进行各种形式的合作。对于这种国家公诉机关与被告人通过协商、妥协所进行的合作，我们可以将其称之为“合作性司法”。这是一种国家公诉机关与被告人放弃对抗走向合作的模式，体现了国家与被告人个人的合作和妥协。由此，在现代刑事诉讼中，我们发现存在了两种司法模式：一是传统的国家与被告人进行对抗的司法模式；二是国家与被告人通过协商和妥协进行合作的模式。①

由于传统的对抗性司法强调重视实现国家利益，即有罪必罚、国家追诉，强调刑事被告人程序权利的保障，即无罪推定、正当程序，过于看重传统司法正义价值，通过对被告人治罪和判以刑罚，使得被告人与社会隔离开来，甚至为了追求司法效率使其在诉讼过程中受到伤害，在刑罚执行过程中遭受身心上的伤害，从而导致反社会心理甚至是仇视社会，以至于将怨气怒火施加到被害人甚至是无辜的社会成员身上。而对于被害人来说，对抗性司

---

① 陈瑞华：《刑事诉讼的前沿问题》，中国人民大学出版社2013年版，第366页。

法给予被告人的各项权利保障，也会使其产生“再次受伤害”的感觉。另外，现行的附带民事诉讼制度一直存在着难以及时弥补的困境，被害人在诉讼结束后无法获得及时的民事赔偿，或者法院的民事判决成为一纸空文无法兑现，就会使得被害人内心对于司法制度产生失望之情。总的来说，对抗性司法存在的固有缺陷主要表现在以下几个方面①：第一，对抗性司法是一种需要国家投入巨大司法资源的诉讼模式。一个国家的普通诉讼程序越是向着对抗性司法方向进行变革，那么，需要付出的诉讼成本就会越大。随着诉讼程序对抗性的不断增强，犯罪嫌疑人、被告人将会获得越来越具体的程序保障，每个案件的结案周期因此会相应延长，导致司法资源的有限性与诉讼程序正当性的矛盾将变得越来越突出。第二，对抗性司法是以控诉机关和被告人具有对立的诉讼立场为前提，但是在被告人自愿认罪的案件中，该种诉讼模式就没有存在空间。那些为法学学者所倡导的诉讼理论和诉讼原则，并不能在所有刑事案件的诉讼过程中得到适用，说明对抗性司法其实并不具有比较广泛的适用空间。当然，当犯罪嫌疑人、被告人选择放弃无罪辩护时，仅仅是使控辩双方终止诉讼对抗、进行协商、合作的前提而已。为使得诉讼利益最大化，刑事追诉机关通常会选择与犯罪嫌疑人进行各种不同形式的合作。比如在英美法系国家的“辩诉交易”，检察官与辩护方自愿达成协议的，法官可以按照检察官所建议的轻刑罚作出判决。显而易见，对抗性司法理论在控辩双方保持合作甚至进行协商和合作的情况时，不具有充分的解释力，而且还使人对这些理论本身的正当性产生怀疑。

为了摆脱对抗性司法逐渐显现出其自身难以克服的局限性，司法实践中逐渐兴起了一种理念上追求“利益兼得”的思想，动因是对传统型司法模式的反思和补充，形式上体现为有关当事人与刑事司法机关间的“协商、对话与合作”，过程中注重有关当事人的“意思自治”，结果上追求意思自治下的“双赢”的新型司法模式。② 当代刑事司法制度发展路径开始走向多元化的发展趋势。如今，我国刑事司法中兴起的一种协商型司法模式，从不

---

① 陈瑞华：《司法过程中的对抗与合作——一种新的刑事诉讼模式理论》，载《法学研究》2007 年第 3 期。

② 刘婵秀：《建构与生成：诉讼模式分化中的检察司法规律试析》，载《河北法学》2008 年第 9 期。

同的程序与实体路径削弱着对抗性司法模式。不论是对程序的选择还是对公诉信息的公开，也不论是对追诉的附条件行使还是对实体问题的交涉，检察机关与被追诉人并不是通过相互对抗、利益对立，而是通过对话、协商的方式来解决争端，追诉机关与被追诉者的关系已发展成为一种对话、协商甚至合作，也就是学者所称合作式司法或协商式司法。协商式司法并不是在成文规则指导下产生，而是出于司法实践中缓解案件的数量压力、调和特殊案件的利益需求等从实践中萌芽、发展起来的。协商性刑事诉讼模式是指在刑事诉讼中，控诉机关与辩护方通过对话与协商，在充分考虑对方诉求的基础上相互协商与合作，就刑事案件的处理意见达成基本共识，法官对程序进行法律上的审查，在遵守基本司法公正的情况下予以确认的一种刑事司法模式。随着刑事司法利益诉求呈现出多元化的发展趋势，从主体方面来说，刑事司法所涉及的利益主要表现在三个方面：即国家和社会利益、被害人的利益以及被告人的利益。在传统型刑事诉讼模式中，刑事司法或者通过惩罚犯罪来强调实现国家利益，或者通过加强保障刑事被告人的权利来维护被告人的利益。相对来说，被害人的利益诉求则未被司法机关重视和强调。然而，司法实践证明，由于被害人的利益没有得到充分的尊重和保障，可能导致出现新的社会纠纷与犯罪。因此，刑事司法必须顾全到不同诉讼主体间利益的诉求，理所当然地应当包括被害人的合法利益。比如新增设的刑事和解特别程序，就着重考虑到了被害人的诉求及被害人权益的保障。

协商性司法的核心价值在于通过控辩双方的对话、协商，在达成合意的基础上寻求控、辩、审三方诉讼主体都乐意接受的司法结果。它不仅不受严格刑事诉讼规则的束缚，而是采取更多变通的方式，也不陷于传统刑事诉讼理念和价值目标的框架。而是在维持基本法律底线的原则下，尽可能使具有不同利益诉求的控辩双方在诉讼过程中享有更多的话语权，减少相互之间不必要的对抗，进行更多的对话与合作，通过协商性程序实现多元化的价值目标。而在传统对抗性刑事司法理念里，无罪推定与罪刑法定原则成为确保了刑事司法的公正与人道的基础。无罪推定原则确保了被告人在被法院定罪之前享有的基本人权，使其享有充分对抗的权利，是犯罪嫌疑人、被告人与控诉方强权抗衡的保障，也是使传统刑事司法公正运作的底线。而罪刑法定原则的基本含义是“法无明文规定不为罪，法无明文规定不处罚”，即要求认定被告人的罪刑必须有法律的明文规定，不得在法律明文规定之外定罪处刑，只有在法律没有明文规定的情况下，才可以作有利于被告人的推定。其设立的初衷主要在于防止国家刑罚权的滥用，但其内在要求主要表现为一个人的行为依据刑法规定构成了犯罪，就不能逃脱法律的制裁。而协商性司法注重控辩双方从对抗状态走向合作与对话，更加注重妥协的正义而不是理想状态的规则下的正义。因此，“传统法治框架下的罪刑法定、无罪推定原则被解构得只剩躯壳，达成共识性的解决方案成为基本驱动，妥协的正义由此而生。”① 协商性司法在一定程度上抛弃了无罪推定与罪刑法定原则，而采取罪刑协商原则。在实体方面，它不局限于定罪、量刑与法律的严格规定，而是允许在被告人的罪刑问题上允许控辩双方进行协商与合作，控诉方可以酌定罪名并提出量刑建议，法官也可根据案件实际情况在法律规定的范围内对罪刑进行自由裁量；在程序方面，协商性司法以被告人自愿认罪为前提，即控诉方要求被告人承认自己有罪，被告人承认有罪是相互协商与合作的前提条件，最终达成双方都满意的诉讼结果。同时，传统对抗性司法中的法律面前人人平等原则以及罪刑均衡原则也受到了一定程度上的冲击，因为被告人采取合作还是对抗的态度将决定其享有不同的待遇。从一定程度上来说，协商性司法的出现对传统的刑事司法模式具有较好的补充作用，其主要价值表现于不仅可以采用创新的司法手段优化配置司法资源，而且强调通过当事人各方之间的谈判与协商来实现诉讼主体之间妥协的正义价值。

无论是在立法方面还是现实司法实践中，很多制度其实都内含了协商与合作的观念。比如，法律明确规定的刑事和解制度与调解制度，它们都共同地体现了一种“对话与协商、妥协与合作”的精神，提供了充足的条件让控、辩、审三方诉讼主体在诉讼程序中充分自由地发挥自己真实的意愿进行谈判与协商。附带民事诉讼和刑事和解制度体现出协商性司法的理念，通过协商，双方相互妥协达成合意进行合作，使得被告人与被害人的关系得到修复，有助于消除双方当事人之间的对立与冲突，缓和双方的不满和怨恨，最大程度地实现当事人各自的利益诉求。由于现行附带民事诉讼制度存在的固有弊端，为了有效提高附带民事诉讼的程序效率价值，及时满足被害人的民事赔偿实体请求，使得实体正义和公正都得以实现。需要融合协商性司法理

① 马明亮：《正义的妥协——协商性司法在中国的兴起》，载《中外法学》2004年第1期。

念，合理配置有效的司法资源，提高诉讼活动的经济效果，节约司法资源，保障诉讼公正目标的实现；刑事和解制度自实施以来，在司法实践中基本上实现了立法者预期的目标。构建了以被告人与被害人利益契合为中心的诉讼模式，犯罪嫌疑人、被告人真诚悔罪，对被害人的损害进行积极赔偿，以获得在法定范围内从轻处罚；被害人的损害得到及时有效的弥补，能够对被告人予以适当谅解，从而缓解因犯罪引发的矛盾与对抗；司法机关通过主持双方当事人和解，使案件达成和解，极大地节约了司法资源，提高司法效率。在刑事诉讼中，控辩对抗反映了控辩双方对案件的分歧与争议，双方充分利用法律所赋予的各项诉讼权利和诉讼规则进行举证、质疑、辩论等诉讼行为，体现了一种胜负对峙的局面。而控辩合作则表明双方秉持一种合作与谅解的态度，在刑事诉讼中更多采用的是对话、谈判和妥协等非对抗性的诉讼行为方式，追求一种利益兼得的效果。因此，可以说控辩对抗与控辩合作有着不同的价值取向、行为方式和心理要求。现代刑事司法从对抗向协商发展，并不意味着协商性司法理念彻底颠覆了传统的对抗性司法，在刑事诉讼中，对抗与协商也有统一之处。在价值维度上，能够实现公正与效率的统一；在制度要求上，公平、有效的对抗与理性、正当的协商合作都要求建立在控辩平等、能力均衡的诉讼构造的基础上。在刑事诉讼过程中，对抗需要控辩双方平等武装和力量均衡，而协商也需要双方在平等自愿的基础上充分表达自己的真实意愿，进行利益的对话和妥协。只有控辩双方处于平等的诉讼地位享有相等或对等的诉讼权利，控辩双方之间才能有空间进行对抗与合作。

第三章　被告人认罪悔罪

第一节　认罪、悔罪法理内涵

目前学术界在讨论“认罪”问题时，普遍会提到自首。自首是我国刑法规定的法定量刑情节，一般自首，其成立需要具备两个要件，一是自动投案，二是对自己的犯罪行为如实供述。与自首有关的法条表述为：被追诉人主动配合司法机关的合法控制，对自己的犯罪行为如实向司法机关供述。自首和认罪的区别，一方面，自首要求被追诉人自动置身于司法机关的掌握范围之内，认罪对此没有要求。另一方面，自首仅要求被追诉人单方自愿如实供述其犯罪行为，对该行为并不必然予以价值评判；认罪不仅要求被追诉人自愿、如实供述自己的犯罪行为，而且要求被追诉人对司法机关指控的犯罪事实予以认可，强调被追诉人与司法机关的互动性，强调被追诉人对司法机关意见的确定性的认可。

“悔罪”源于刑事和解制度等相关法律规定，按照文义的理解，悔罪是对自己实施的犯罪行为的悔悟。被追诉人的悔罪，是被追诉人对其犯罪行为的一种否定性评价，是被追诉人对其实施的行为所进行的一种价值评估。因此，悔罪的前提是被追诉人对自己的行为有清醒的认知。被追诉人只有清楚地认识到自己的犯罪行为的危害性，才有可能在心理上产生自责和懊悔的心理。据此可知，虽然认罪不完全等同于悔罪，但认罪是建立在逻辑基础上的悔罪前提条件。悔过自新的表述出现在刑事和解制度等相关规定中。

在涉及被追诉人的悔改相关法律规范中，包括对未成年人适用附条件不起诉和刑事和解的《刑事诉讼法》第 282 条和第 288 条，以及《监督法》第 31 条涉及行为人的悔罪，即对涉及职务犯罪的犯罪嫌疑人，在接受调查时，自愿认罪认罚的，可以从轻处罚。现行立法中的“悔过”有以下几个特点：一是没有将悔过作为法定量刑的单独情节加以规定。二是悔罪虽不是法定量刑情节，但在很多方面仍能影响量刑。具体有三类：第一类是悔过对缓刑的影响；第二类是悔改行为间接影响量刑，具体表现为悔改行为对犯罪分子的影响及量刑的影响；第三类是悔罪对具体犯罪量刑的影响，主要是对贪污罪量刑的影响有悔罪表现。立法涉及悔罪的表达方式很多，包括“悔罪表现”“真诚悔罪”“悔改表现”“悔改”。上述立法规定引发了一些学者的议论。讨论最多的一个问题是，是否有必要在立法中对悔过的情形单独作出规定，使之成为量刑的法定情节。从现有研究来看，多数观点支持将悔罪情节上升为量刑的法定情形。① 这其中，其实牵扯到了一系列的问题。例如，认罪会不会对判决产生影响？悔罪的行为对定罪有多大的影响？我国现有的悔罪体系是否能够在定罪过程中发挥悔罪作用？在实践中，悔罪态度不能统一，悔罪态度是否会成为法定量刑情节，从而造成司法上的不一致？在讨论悔罪是否应作为法定量刑情节时，应当加以考量。悔罪是否也能适用于所有犯罪？在有关青少年犯罪和贪污犯罪的法律中，特别提及了悔罪。是不是有什么特殊的原因？悔罪对所有的罪行都会有影响，或者只是对某一罪行有影响？或者悔罪对一些犯罪有更大的影响？关于“悔罪”的各类立法表达，它们的意思是什么？有没有可能或需要通过司法解释，来明确悔罪的真实想法？在此基础上，我们应在立法上进一步探讨悔罪制度。

一、认罪认罚从宽制度中的认罪与悔罪

2019 年出台，我国认罪认刑从宽制度进一步完善。适用认罪认罚从宽制度与宽严相结合的刑事政策，坚持罪责相适应的标准，坚持证据裁判规则，坚持公、检、法机关配合制约的原则。从制度上来看，认罪从宽不是单一的法律制度，而是综合了犯罪主体、诉讼程序等多种法律体系的一种综合性刑事法律制度。② 同时可以认为，认罪从宽制度的适用是一项涉及广泛的系统工程，既有刑事实体法层面的法律修改完善，也有程序法层面的司法机

① 林红海：《悔罪应作为法定从轻量刑情节》，载《法学》1993 年第 6 期。

② 王庆刚：《认罪认罚从宽的制度属性与司法适用——综合制度属性视野下对“从宽”的理解与适用》，载《法律适用》2019 年第 13 期。

制和制度建设调整与发展。① 认罪认罚从宽制度在实体和程序鼓励、引导、保障确有犯罪的犯罪嫌疑人、被告人自愿认罪认罚并予以从宽处理、处罚，是由一系列具体法律制度、诉讼程序组成的法律制度的总称。② 认罪认罚从宽制度在设计之初，旨在从实体法的角度寻求坦白从宽等政策法定化，将认罪认罚纳入法律框架作为法定量刑情节，以鼓励被追诉人尽早认罪认罚，并在此基础上寻求简化诉讼程序，实现司法资源的优化配置。认罪认罚从宽制度作为综合性的刑事诉讼法律制度，极大地丰富了我国刑事法律社会功能，体现了中国特色社会主义刑事诉讼对大多数犯罪嫌疑人、被告人诉讼地位和诉讼权利的尊重和保护。

（一）认罪与悔罪的价值基础：目的具有相似性

剖析认罪认罚从宽制度中“认罪”与“悔罪”的内涵，首先需要对构建制度的基本理念进行研究。在《指导意见》正式出台之前，关于认罪认罚从宽制度构建的理念，在刑事诉讼法学界一直存在分歧。有学者将其归纳为契约模式与家长模式之争。③ 契约模式认为，控辩双方通过协商达成合意，是认罪、认罚从宽的具体表现，也就是以被追诉人放弃程序权作为对价，换取从轻发落。家长模式则认为，宽大的结果源于司法机关行使法定职权的单方，是国家给予的恩惠而不是交易对价，体现了国家对被告人真诚悔过的认可。基本理念分歧直接影响对“认罪”“悔罪”内涵的看法。对于认罪认罚，契约模式持有“以意思表示为核心”的观点，即主张认罪认罚的核心要件在于自愿、真实地表达被告人的意思。无论被告人的行为动机是什么，是否真诚悔罪，只要其自愿放弃程序性权利，换取宽大的对价，就符合认罪认罚的基本要件。④ 家长模式则对认罪认罚的基本要素持有“以真诚悔罪为核心”的观点，认为被告人内心真诚悔罪才是认罪认罚的关键要素，

---

① 陈卫东：《认罪认罚从宽制度研究》，载《中国法学》2016 年第 2 期。

② 顾永忠，肖沛权：《“完善认罪认罚从宽制度”的亲历观察与思考、建议——基于福清市等地刑事速裁程序中认罪认罚从宽制度的调研》，载《法治研究》2017 年第 1 期。

③ 高童非：《契约模式抑或家长模式？——认罪认罚何以从宽的再反思》，载《中国刑事法杂志》2020 年第 2 期。

④ 赵恒：《论从宽的正当性基础》，载《政治与法律》2017 年第 11 期。

而如实供述、签订具结书、退赃退赔等行为则是表露内心态度的外在证明。① 根据这一观点，司法机关不仅要审查被告人认罪认罚的意思表示是否自愿、是否真实，而且要审查被告人内心的态度、动机等方面的情况。即单纯为获得减刑而采取的战略性认罪认罚，不应从轻发落。根据现行法律规定和司法实践的体现，我国认罪认罚从宽制度采用家长模式，以真心忏悔作为认罪认罚的实质。在具体相关法律的规定上，《指导意见》第 7 条显示："认罪认罚从宽制度中的'认罚'，是指犯罪嫌疑人、被告人真诚悔罪并自愿接受刑罚的一种表现。"这意味着，我国认罪认罚从宽制度采取的是以悔罪为核心的评判标准。与《指导意见》一同发布的认罪认罚从宽制度适用的 3 个典型案例，均将"悔罪"作为认定认罪认罚的核心要件。比如，在上海市武某故意杀人案中，犯罪嫌疑人认罪悔罪、积极赔偿并取得被害人家属谅解的，检察机关认定认罪认罚从宽制度可以依法适用。可见，站在立法者的角度，"悔过"是适用认罪认罚从宽制度的必要条件。由于我国属于权力主义的刑事诉讼模式，因此从刑事诉讼的制度结构来看，家长模式也比较符合我国目前的国情②，同时，契约模式也面临着刑罚理论逻辑不通和层面缺陷的困境。我国刑事处罚的基本目的是实现报应正义和预防犯罪，即国家有责任惩罚犯罪，量刑情节围绕报应和预防两个方面进行。国家没有权力以实体减刑为条件，换取被告人让渡的程序性权利，否则就违背了刑罚执行的基本宗旨。③ 契约模式实际上是从平等主体间民事关系的角度来看待刑事处罚，忽略了国家对刑罚不具有任意处分权，混淆了民事赔偿与刑事处罚之间的核心差异。认罪认罚的实质要害在于考量被追诉人是否具有真诚悔罪的要素，"悔罪是认罪认罚的必要条件和实质体现，而认罪认罚行为仅仅是悔罪行为的具体表现和应然结果"。具体的悔罪定义是：被追诉人一种主观的、复杂的内心状态，需要综合多方面来判断。当代英美刑法哲学界对于悔罪有

---

① 高童非：《契约模式抑或家长模式？——认罪认罚何以从宽的再反思》，载《中国刑事法杂志》2020 年第 2 期。

② 高童非：《契约模式抑或家长模式？——认罪认罚何以从宽的再反思》，载《中国刑事法杂志》2020 年第 2 期；卞建林，谢澍：《职权主义诉讼模式中的认罪认罚从宽》，载《比较法研究》2018 年第 3 期。

③ 俞波涛，周少华：《刑罚正当化语境下的认罪协商》，载《国家检察官学院学报》2013 年第 3 期。

关的问题展开了激烈的讨论，学界普遍认为悔罪的要素包括：第一是被告人承认自己的行为具有违法性和不道德的性质；二是被告人对所犯罪行感到自责、痛苦；三是被告存在弥补过错的内心主张；四是被告人下定决心，今后不再实施犯罪。可见，悔罪包含了认知和情感两个要素，既注重过去的罪行，也注重现在的弥补和将来的纠正。我国认罪认罚从宽制度的宽泛与悔罪的具体内涵两者范围的高度相关，可以进一步说明家长模式是我国认罪认罚从宽制度所采用的一种特定模式。

综上，我们在寻求认罪认罚以何种方式从宽时，其实质是追求以何种理由从宽的真诚悔罪。“认罪”与“悔罪”内涵追求的价值，具有相似性。即分析论述“认罪”，其结论对“悔罪”有一定参考价值。

（二）认罪与悔罪内涵分析

有学者认为，要界定认罪的具体内涵，司法机关关于指控的犯罪事实和罪名，如果被追诉人认可并接受，可以认定为被追诉人是认罪。① 而一些学者则认为，被追诉人只是如实供述罪行，承认司法机关指控的犯罪事实，只能认定其认罪，而不能认定其罪名成立。根据《指导意见》的规定，对认罪内涵的认识，可以从以下几个方面进行分析。② 根据《指导意见》的规定③，对认罪内涵的认识，可以从以下几个方面进行分析。第一：被追诉人的主观自愿是认罪的逻辑前提，也是认罪的心理基础。根据文义解释分析，被追诉人基于内心自由意愿而表现出的对外独立，是自愿的。第二，被追诉人对司法机关的指控供认不讳，对自己的犯罪行为如实供述，两者结合是认罪的重点。第三，认罪的实质是被追诉人对其所作客观犯罪事实的供述，同时也要求被追诉人具备认可司法机关认定意见的基本价值判断。上述价值判断并不一定强调要求被追诉人，能够明确认识到自己的行为所触犯的是刑法法律中哪一条具体法条，目的是要求被追诉人能够明确认识到自己的行为已经属于刑法规定所禁止的行为。值得注意的是，下列行为不影响法律对认罪

---

① 陈瑞华：《“认罪认罚从宽”改革的理论反思——基于刑事速裁程序运行经验的考察》，载《当代法学》2016 年第 4 期。

② 魏晓娜：《完善认罪认罚从宽制度：中国语境下的关键词展开》，载《法学研究》2016 年第 4 期。

③ 《指导意见》第 6 条。

的认定：被追诉人在法律层面上对自己的行为性质（如犯罪形态、罪名等）进行自我辩解或者认识错误。

我国法律规定和允许，认罪是一种形式，可以有不同和多样的表现形式。比如自首、认罪、当庭自愿认罪等，但这些认罪形式都有一个共同点需要被追诉人去遵守，那就是对自己的罪行要求被追诉人如实供述。在认罪认罚从宽制度中的认罪，与上述法律规定的这些认罪形式相比，在内涵上更为特定化、具体化，即除了要求被追诉人如实供述自己的罪行外，还要对指控的犯罪事实予以承认。但是，不管是主动招供，或是承认指控，都只限于被追诉人的外在行动，而非审问他自己的主动供述的内在动机。换言之，被追诉人的悔罪并不一定要承认自己的罪行，而不悔罪对于被告人的供词不构成任何影响。这并非意味着坦白和忏悔的关系是宽松的，而是承认和悔罪有密切的关联。第一，在实务中，认罪常常与悔罪相结合，因为认罪与否，其表现形式都直接反映了被追诉者对待罪行的态度、主观恶行和刑罚的难度；所以，有没有悔罪，就会影响对坦白的评判。另外，根据《刑事诉讼法》第112 条规定的“不予立案”情形、第 177 条的规定不起诉、第 182 条规定的“特殊撤案”和《刑法》第 13 条中的“但书”，忏悔行为也有一定的后果。① 第二，认罪可能促进悔罪。可以通过在被追诉者悔罪时的话语和情感作为自我警醒或暗示，以此来增强被追诉人的自控能力，并促使其悔罪。在社会心理方面的经验分析显示，被追诉在自首之前对其犯罪后果的评价是非常重要的，而自首则有利于悔罪。第三，即使不要求悔罪，也要以坦白为基础。假如被追诉者不肯认罪，就不会因良心而感到内疚，也不会有任何自责或纠正的念头。但是应当指出，被追诉者对罪行的认识仍然集中在精神层面，与对专门机构的罪行的供认和对被控罪行的性质或罪行的供认都有区别。在实践中，有些人在犯罪后虽然内心悔恨，也可能有悔改表现（比如对被害人进行补偿），但没有选择投案。

认罪认罚从宽制度中的认罚是指自愿接受刑罚，其核心是对检察机关提出的量刑建议自愿接受。至于认罚是否包含退赃退赔、赔礼道歉等，人们对此还存在不同认识。但与认罪一样，不管在程序法意义上如何扩展认罚的内

---

① 陈娜，赵运锋：《定罪阶段的悔罪问题研究》，载《政法学刊》2018 年第 3 期。

涵，实际上并没有明确规定被追诉人必须悔罪。① 而认罚行为与悔罪心理间的关系也较为复杂。一方面，悔罪者不一定认罚。一般而言，悔罪的人在赎罪的心理状态下，往往会选择一劳永逸地接受惩罚；认罚可能是悔罪的一个重要标志。然而，并不是所有的悔过者都愿意承担罪责。有人悔罪，仅仅是因为他们对刑罚的恐惧，或是为了逃避处罚。② 另一方面，认罚者也不一定悔罪。反观那些被惩罚的人，却不一定会悔罪。被追诉人的外在表现并不能很好地反映出其内心状态。一种普遍的情况是，被追诉人在得到惩罚后，并不认同这种判决的合理性，认定更多只是“牌局上针对政府的战略举措”。

从内涵上来看，“认罪认罚”应同时具备“认罪”和“认罚”，不仅要体现“自愿如实供述自己的罪行”，而且应包含“承认指控的犯罪事实，愿意接受处罚”。③ “认罪认罚”这一法定从宽情节具有很强的统括性，应包括《刑法》中自首、坦白等认罪激励情节。认罪认罚可以涵盖自首、坦白情节，在《指导意见》第 9 条第 2 款，即“认罪认罚的从宽幅度一般应当大于仅有坦白，或者虽认罪但不认罚的从宽幅度。对犯罪嫌疑人、被告人具有自首、坦白情节，同时认罪认罚的，应当在法定刑幅度内给予相对更大的从宽幅度。认罪认罚与自首、坦白不作重复评价”。④ 还能将所有与“认罪”和“认罚”有关被追诉人的主客观情节予以涵盖，如退赃退赔、给予被害人补偿、获得被害人谅解、协助恢复被破坏的社会关系和不良影响等，并且这些情节还在实践中随着犯罪形态的变化不断地丰富和调整。根据案件的不同情况，被追诉人履行的非刑罚范畴的社会义务的情况也逐渐成为影响司法机关量刑轻重的考量因素，如履行一定的公益服务、向国库或者公益团体支付用于修复社会关系的费用等，体现新时代国家治理犯罪方式的新发展。

---

① 孟建柱：《完善司法管理体制和司法权力运行机制（学习贯彻党的十八届四中全会精神）》，载《人民日报》2014 年 11 月 7 日，第 6 版。

② 陈娜，赵运锋：《定罪阶段的悔罪问题研究》，载《政法学刊》2018 年第 3 期。

③ 陈卫东：《认罪认罚从宽制度的理论问题再探讨》，载《环球法律评论》2020 年第 2 期。

④ 陈卫东：《认罪认罚从宽制度的理论问题再探讨》，载《环球法律评论》2020 年第 2 期。

二、刑事和解制度中的悔罪

所谓的连带民事诉讼，就是在刑事诉讼中，对被告人的刑事责任进行审理的，与被害人、人民检察院或者法律上的其他权利主体的要求相结合的，对被告人的犯罪行为所产生的经济损失进行了审理。① 刑事和解是指在刑事诉讼中，被害人（被告人或嫌犯）与被害人及其亲属在认罪、赔偿、道歉等方面达成谅解与协议后，国家有关部门不追究其刑事责任，也就是对其从轻处罚的一种方式。② 从概念可以得知，附带民事诉讼制度以解决刑事被害人物质损失的民事赔偿为实体问题，在程序上以刑事诉讼的启动为前提。由于刑事司法对被害人权益保障的逐渐重视，刑事和解突出不仅被害人可获得物质赔偿，而且通过犯罪嫌疑人的真诚悔罪使被害人得到心理抚慰。两种制度在价值取向上都是为了实现受犯罪行为侵害的被害人获得合理的补偿，切实保障被害人的利益。

（一）悔罪的价值基础：协商性与恢复性司法理念

刑事和解的主导思想是“恢复性正义”，这种正义的产生代表着刑事司法理念的革新，发端于二十世纪六七十年代的北美，最早可以溯源至二十世纪六十年代少年司法系统内被害人和加害人调解程序。③ 恢复性正义是指，在当事双方自愿达成合意的情况下处理犯罪的过程，其目的和特征在于其恢复性，尽量将社会关系恢复到犯罪行为发生之前的状态。随着社会的进步，文明观念深入人心，人们都慢慢认识到争吵、报复、对抗刑事司法领域未必会得到想要的结果，也不再适应现代社会。如果由国家占据刑事司法的主导地位，必然会以对加害者进行处罚作为最终的结果。但如果以当事人为主导，让其深入参与到刑事纠纷的解决过程中，使得对加害者的处罚结果交给当事双方协商决定，必要时还可以由第三方介入，保障对破坏的社会关系加

① 杨贝：《附带民事诉讼制度研究与实务》，中国政法大学出版社 2014 年版，第 15 页。

② 张军，陈卫东：《新刑事诉讼法疑难释解》，人民法院出版社 2012 年版，第 389 页。

③ E. 博登海默：《法理学：法律哲学与法律方法》，邓正来译，中国政法大学出版社 1999 年版，第 252 页。

以修复以及促使加害者尽早回归社会，体现更多的是个案的正义，而非普遍的正义。在传统的刑事司法中，国家主导并对加害人施以刑罚似乎是实现司法正义的唯一途径，加害人与受害人的个人关系被忽略，受害者的地位被弱化，即使双方意图谋求和平解决纠纷也会被国家公权力所扼杀。恢复性司法强调修复因为犯罪行为受损的社会关系，也强调非监禁刑对监禁刑的一种补充①，体现了刑罚趋于人性化、文明化的发展过程，这一制度在降低司法成本的同时还能降低罪犯的复犯率，达到对犯罪的特殊预防，进而形成对犯罪的一般预防。刑事和解制度也是对我国“和合”思想的传承和发展，其既不否认加害者与受害者之间的冲突和纠纷，还要平衡当事双方的利益，平衡纠纷解决机制中价值间的冲突，旨在得到国家、社会、个人等多方的认可，化解矛盾冲突，促进社会关系和社会秩序的恢复。

刑事和解制度的重要价值在于探索建立本土化刑事诉讼的“私立合作模式”。② 妥善解决社会纠纷，化解社会矛盾是构建和谐社会的重要组成部分。定分止争是法律的基本功能。在传统的刑事诉讼程序中，被追诉人虽然在庭审程序中可以采取辩护措施来维护自己的合法利益，但某种意义上是被动地等待司法机关的刑事处理。在这种情形下，社会纠纷只是在法律层面得到了解决，当事人的心理层面以及社会关系的修复问题都没有得到很好的解决。作为“私立合作模式”的刑事和解制度很好地解决了这一问题。和解制度基于被追诉人真诚悔罪、放弃对抗式的诉讼的前提，被追诉人向被害人赔礼道歉，令被害人得到精神安慰。被追诉人同时积极提供物质赔偿，令被害人得到物质安慰，被害人在得到精神与物质安慰后，往往会放弃或者不再严厉追究被追诉人的责任。这种带有一定契约性质的合作模式，一定程度上促使双方最大限度地达成和谐，同时对也修复了社会关系。

《刑事诉讼法》第 288 条规定：“犯罪嫌疑人、被告人真诚悔罪，通过向被害人赔偿损失、赔礼道歉等方式获得被害人谅解，被害人自愿和解的，双方当事人可以和解。”根据这一条的文本意义，可以发现，被告人的认罪态度与赔偿损失、赔礼道歉等行为具有直接的联系，两者是并列关系，两者缺一不可，不能随意使用。我们在这里尤其要注意，假如受害人仅仅受到了

---

① 李会彬：《刑事和解制度的理论基础新探》，载《法商研究》2015 年第 4 期。

② 陈光中，葛林：《刑事和解初探》，载《中国法学》2006 年第 5 期。

损失，那么，单纯从伤害的角度考察犯罪嫌疑人的供词，或者单纯从赔偿的角度来判定犯罪嫌疑人的供词，都与立法初衷不符。问题是，“赔偿”和“悔罪”是什么关系？一方面，主张被害人自愿，只要被告人自愿，可以认为被告人有罪；另一方面，如果被告人认罪悔罪，但无力赔偿，赔偿数额不足，而当被害人不能接受、与其理解发生冲突时，是否可以主动给予其赔偿，并以其坦白的态度来缓解，但在实际操作中，由于采用了不同的方法，很难掌握。“真诚悔过”，不但要表示悔罪，还要表示出自己的真心，不得有任何虚假。由于忏悔行为是一种心理行为，其隐蔽性、可变性较大，因此，即便犯罪人有悔改的行为，这种忏悔的心态，很难说不是真的。所以，与“悔罪表现”相比，“真诚悔罪”的认定更为困难。英美各国对“真诚悔罪”的认定，多从被告人在法庭上的语言、举止等方面进行细致的分析和判断，即使实践中没有统一的认定标准，也不影响法官在判决书中阐述具体的认定理由。

（二）悔罪的内涵分析

悔罪，顾名思义，是指既认识到自己有罪，又对自己的罪过抱有悔意，即“悔恨所犯的罪过”。[①] 良心是忏悔的道义根源，而忏悔也会因为犯罪的严重性、受害人的情况等而有所改变。个人良心的不同和个人的不同，导致了忏悔也有不同的程度。[②] 基督教的道德传统重视忏悔的意义，即从罪过向正常的实质转化，但是牛津塔西乌拉斯教授认为，这一转化也许仅仅是忏悔的一个完美形式。他认为忏悔是对自己的不道德行为的一种恰当的内心回应，忏悔是一种内疚感、自我谴责、忏悔和道歉等多种因素组成；在精神上弥补过失，并且下定决心不再重蹈覆辙。[③] 悔罪的正当性表现在否认以前的过错，从而使之与后悔或失望相区分，而内在动机却是指忏悔产生于内在动力而非真正意义上的忏悔。的确，塔西乌拉斯所了解的忏悔在某种程度上超

---

① 商务印书馆辞书研究中心：《新华词典》，商务印书馆2013年版，第439页。

② 张明楷：《论犯罪后的态度对量刑的影响》，载《法学杂志》2015年第2期。

③ 闫召华：《虚假的忏悔：技术性认罪认罚的隐忧及其应对》，载《法制与社会发展》2020年第3期。

出了他的精神层面。[①] 目前，国内刑法中关于忏悔的规定很少见，而且对忏悔的含义没有清晰的定义，有关的定义也比较模糊。《刑法》《刑事诉讼法》有关条款中，有两个地方是“真诚悔罪”，两个是“悔罪表现”，两个是“悔改”，两个是“悔改表现”，还有两个是“具结悔过”。[②] 鉴于此，从心理反应层面认识悔罪，可能更容易厘清其与相关范畴的关系。[③] 换句话说，即使悔罪是一项程序，也应将其看作一种外在的心理活动；悔罪是指在特定的语言或行动中，被追诉人的认罪和悔罪，这种认罪和悔罪结合在一起，就是被追诉人的悔罪。

第二节 现状研究：认罪认罚、刑事和解以及附带民事诉讼的冲突

一、认罪认罚从宽与刑事和解的冲突

（一）相关程序法律规范的冲突

根据我国最新修改的刑事诉讼法律以及相关的指导意见规定，无论任何罪名以及可能判处何种刑罚，只要认罪的被追诉人就可以与检察机关进行量刑协商，刑事诉讼的各个阶段均可以作出认罪表示。[④] 而根据刑事诉讼法相关规定，刑事和解制度具有特定的适用范围。[⑤] 客观上就造成二者适用范围的重叠，虽然《指导意见》明确规定在重叠的情况下，可以优先适用刑事和解，但是刑事和解制度作为复合型制度的适用范围本身就是充满争议的。对于“民间纠纷”这一设定，刑事诉讼法并没有给出明确的界定。1990 年

---

① 闫召华：《虚假的忏悔：技术性认罪认罚的隐忧及其应对》，载《法制与社会发展》2020 年第 3 期。

② 王爱立：《〈中华人民共和国刑事诉讼法〉修改与适用》，中国民主法制出版社 2019 年版，第 45 页。

③ 徐文文：《量刑中的悔罪制度新探讨》，载《中国应用法学》2021 年第 2 期。

④ 《指导意见》第 5 条。

⑤ 《刑事诉讼法》第 288 条。

4 月 19 日司法部出台的《民间纠纷处理办法》第 3 条将民间纠纷界定为“公民之间有关人身、财产权益和其他日常生活中发生的纠纷”。① 由于规定过于粗糙，司法机关适用时理解差异等原因，因此在具体实践过程中，导致各地刑事和解适用范围并不统一，同案不同判情况经常发生。同时，从刑事诉讼整体制度协调角度考虑，既然在认罪认罚从宽制度中，没有适用罪名和可能判处刑罚的限定，无论被追诉人涉及什么罪名，只要认罪认罚就能获得相应的从宽处理。相反，在刑事和解中，被追诉人既认罪悔罪，赔礼道歉、赔偿损失又取得被害人自愿和解，但是适用范围相比较认罪认罚从宽制度却被严重缩减，这从刑事诉讼法的整体角度上来看显然存在矛盾。刑事和解制度作为特殊程序时的适用范围与作为量刑情节时的适用范围存在混同现象，在量刑协商中对于超出刑事和解适用范围而被追诉人与被害人达成和解的情况下，就处于了无法可依的状态。在司法实践中，大量存在超出和解制度适用范围，而被追诉人与被害人达成和解的情况，这种情况下将和解视为量刑情节予以考虑。因此，对于两种制度衔接与协调适用的首要程序问题就是界定适用范围问题。

1. 案件适用范围不一致

根据第 1 条和第 2 条的规定，可以认定，在犯罪中，认罪认罚不受犯罪罪名和罪行轻重的制约，即认罪认罚在“所有”犯罪中都可以得到充分的体现。《刑事诉讼法》第 277 条中，对涉及公民人身权利、民主权利、侵害财产权罪、非玩忽职守罪以外的过失犯罪的刑事和解，均不得对其进行处罚。很明显，就我国的刑事和解而言，与认罪认罚相比较，认罪认罚的适用要更广泛。问题在于，在两种法律体系的配合下，其适用过程中产生的冲突怎样才能得到有效的化解？在刑事和解适用的领域中，是否可以同时实施两种体系，或者将刑事和解应用的范围扩展到更广，但又要怎样界定其扩展的边界呢？

2. 决定不起诉用条件不一致

认罪认罚从宽制度与刑事和解制度中均涉及检察机关决定不起诉的规定。根据认罪认罚从宽与刑事和解制度配套适用研究据《试点办法》第 13

---

① 秦宗文：《刑事和解制度的实践困境与破解之道》，载《四川大学学报（哲学社会科学版）》2015 年第 2 期。

条的规定可知①，“认罪认罚”对检察机关的不起诉裁量权进行严格的限定，它不仅限于对犯罪嫌疑人的立功表现、对案件的影响，还包括对刑事诉讼程序的限制；同时，还必须得到最高人民检察院的批准。但是，在我国的刑事和解体制中，检察机关的不起诉决定权相对较大，检察机关有充分的自由裁量权。《刑事诉讼法》第290条规定，当事人之间达成刑事和解协议后，对于犯罪情节轻微，不需要判处刑罚的案件，办理案件的检察机关可以决定不起诉。该两个法律规范作为两个制度的执行依据，对决定不起诉适用的规定明显不一致，那么两个制度配套适用过程中必然会面临这样的问题，即案件符合刑事和解程序决定不起诉适用条件。

3. 认罪认罚从宽与刑事和解存在重复评价

无论是在认罪认罚制度方面，还是在刑事和解方面，都离不开律师的介入。对于犯罪嫌疑人来说，辩护人的介入可以保障被追诉人的自愿认罪、程序的选择公正、平等、合法等。而对于当事人而言，律师的介入不仅有利于保障调解协议的达成，而且有利于调解协议的法律效果。因此，在二者的配合运用中，必须要有律师的介入，甚至是不可或缺的。但是，我国现行的认罪认罚与刑事和解制度尚有许多问题，有待进一步完善。第一，我国现行的认罪认罚从宽制度主要是通过设立辩护律师来实现对犯罪嫌疑人、被告人提供的法律援助。但是，一方面，当前的律师值班制度，以社会律师的力量为依托，这将极大地加重其工作压力，并容易引发冲突；影响到律师的工作。另一方面，也会导致法律援助的质量不高，难以发挥其应有的作用。第二，2015年《关于完善法律援助制度的意见》中明确提出，要在刑事和解过程中，设立司法协助参与的工作机制，为更多的犯罪当事人提供法律援助。第三，我国现行法律对被害人的司法救助权的规定远远少于刑事追诉者，而我国现行的刑事诉讼制度并未对其进行明确的规定；《刑事诉讼法》《法律援助条例》均对犯罪嫌疑人、被告人享有指定辩护权，但对被害人的指定代理权未作明确规定，导致司法实践中的司法协助无法满足被害人的实际

---

① 《试点办法》第13条规定：犯罪嫌疑人自愿如实供述涉嫌犯罪的事实，有重大立功或者案件涉及国家重大利益的，经最高人民检察院批准，人民检察院可以作出不起诉决定，也可以对涉嫌数罪中的一项或者多项提起公诉。具有法律规定不起诉情形的，依照法律规定办理。

需求。

（二）当事人权利保障的问题

制度的衔接与协调以制度各自实施为基础，无论是认罪量刑协商还是刑事和解的实施，都以被追诉人认罪的真实性、自愿性为基础。① 显然，如果被追诉人的认罪并非基于自愿或者作出不真实意思表示，那么制度衔接与协调实施就缺乏正当性基础。被追诉人自愿认罪悔罪的前提是被追诉人清楚认知到自己的行为所构成的犯罪事实、所涉及的罪名，以及后续量刑协商时还涉及是否认同检察机关的量刑建议问题。因此，如果被追诉人对于这些都没有清楚的认知，那么被追诉人与检察机关所谓的量刑协商一致就只是顺从司法机关的单方面要求。其后果就是制度实施缺乏正当性基础。虽然已经有了值班律师等相关规定来解决这些问题，但是律师具体如何直接参与以及如何让对被追诉人提供实质有效的帮助，还需进一步提供细化的规定指导。所以如何充分保障被追诉人的诉讼权利是值得充分考虑的。制度的衔接与协调也需要同样关注被害人的诉讼权利保护。在认罪认罚从宽制度中被害人具有提出意见和异议的权利②，在刑事和解制度中被害人具有是否能达成刑事和解的决定性权利。由于相关规定过于简单，不少人表示忧虑，毕竟被害人的意见也仅限于被听取，能否被采纳完全取决于检察机关的意愿，况且在实践中检察机关并不必然会去联系被害人，甚至检察机关与被追诉人在认罪量刑协商过程中为了达成量刑协议可能会选择有意忽略被害人权益。③ 而若是将两种制度衔接与协调适用，被害人所处的地位以及拥有的诉讼权利需要如何处理，需要进一步考虑。因此，对于被害人的诉讼权利保护问题就显得尤为突出。

（三）律师参与机制不健全

无论是在认罪认罚从宽制度中还是在刑事和解制度中，律师参与都具有

---

① 王敏远：《认罪认罚从宽制度疑难问题研究》，载《中国法学》2017 年第 1 期。

② 《指导意见》第 16 条。

③ 陈庆安，潘庸鲁：《认罪认罚从宽制度试点期间的问题与应对》，载《河南师范大学学报（哲学社会科学版）》2018 年第 5 期。

必要性。对前者而言，律师参与可以保证刑事被追诉人认罪认罚以及程序选择的自愿性、公正性，确保认罪协商的平等性、合法性等。① 而对后者而言，律师参与不仅可以促进和解协议顺利达成，还可以保障和解协议的合法有效性。② 因而二者配套适用的过程中，律师参与同样具有必要性，甚至是必不可少的。但目前认罪认罚从宽制度与刑事和解制度在律师参与方面均还存在不少问题，也是接下来两个制度配套适用时需要解决的。首先，认罪认罚从宽制度主要通过建立法律援助制度来解决犯罪嫌疑人、被告人法律帮助问题。但目前值班律师制度主要依靠的是提供法律援助的社会律师力量，这一方面会大大增加律师的工作负担，易引起反抗情绪，影响值班律师制度的开展；另一方面会导致法律帮助的质量不高，不能真正发挥律师参与的作用。其次，虽然2015年出台《关于完善法律援助制度的意见》，其中明确提出要建立法律援助参与刑事和解案件办理工作机制，依法为更多的刑事案件当事人提供法律援助，但目前我国《刑事诉讼法》及其他相关法律中还没有关于法律援助参与刑事和解程序的规定，导致司法实践中该程序中的律师参与严重不足。最后，目前国内相关法律对被害人获得法律帮助权利的规定远远低于刑事被追诉人，比如作为基本法律的《刑事诉讼法》中并未明确规定刑事被害人有获得法律援助的权利；《刑事诉讼法》《法律援助条例》等均规定犯罪嫌疑人、被告人享有指定辩护的权利，但并未规定被害人并指定代理的权利③，导致实践中法律援助根本不足以满足刑事被害人法律服务的现实需要。

（四）认罪认罚从宽与刑事和解冲突原因

1. 制度规范矛盾与缺失

理论观念的惯性影响具体表现在制度规范上就会显示出规范本身的矛盾与疏漏。认罪认罚从宽与刑事和解制度无论从自身的设立，还是二者的衔接与协调，无一不体现出这一缺憾。单从认罪认罚制度相关规则设立来看，适

① 韩旭：《辩护律师在认罪认罚从宽制度中的有效参与》，载《南都学坛》2016年第6期。

② 赵运恒：《律师在刑事和解中的角色》，载《中国刑事法杂志》2012年第3期。

③ 高贞：《论刑事被害人法律援助权及其实现》，载《法学》2008年第11期。

用的条件不仅要供述、承认罪行，还要愿意接受惩罚，同时指导意见扩充了认罚的考察条件，需要重点考察被追诉人退赔退赃、赔偿损失的情况。在这样的制度规则下，被追诉人只是消极等待国家追究、被动承受国家处罚的诉讼客体，被追诉人的认罪表现悔罪情节只是国家行使刑罚权审查的对象，而不是作为诉讼主体进行协商的“筹码”。在此背景下，被追诉人在与国家追诉机关展开量刑协商过程中，作为协商主体的地位如何保障，是否还有协商的能力，以及究竟还有什么“筹码”能获得从宽的结果呢?① 单从刑事和解制度规则设立本身来看，制度的适用后果与规则的运行逻辑并不相符合。制度设立既然允许当事人和解，那么和解之中必然包含了被害人对被追诉人的宽宥或者不再追诉的意思表示。当司法机关通过了对和解协议的真实性、合法性审查，那么和解协议就应该产生终结诉讼或者应当从宽处理的法律后果，而不是被强硬地拼接到了国家刑罚权行使的后果。这种情况下，双方和解的达成只可能产生司法机关可能的“从宽处理”这一个结果，仍然隶属于国家刑罚权的行使范围。这样的规则设立，虽然吸收了当事人主义理念，以被追诉人与被害人的合意作为制度适用的前提，但在制度的操作后果中却充满职权主义色彩，将双方的合意排除出去。这样就不可避免地导致当事人意思自治与国家刑罚权形成激烈矛盾，和解协议的功能很容易因此丧失实现的可能性。② 从制度衔接与协调方面来看，在认罪认罚从宽制度规则设立中，制度实施的核心是量刑协商过程，法定与酌定的量刑情节都应该是被追诉人与检察机关的协商内容，而不应将被追诉人悔罪表现作为国家追诉机关适用认罪认罚从宽制度的标准。这种捆绑方式一方面使得认罪认罚制度过于杂糅，不利于协商的开展，另一方面造成了制度混同现象，妨碍了和解制度的单独存在价值。即使暂不考虑这种方式是否恰当，但这样的设立方式需要两种制度进行一定程度上的对接，但现阶段并没有单独明确的制度衔接与协调适用的规则。

---

① 陈瑞华:《刑事诉讼的公力合作模式——量刑协商制度在中国的兴起》，载《法学论坛》2019 年第 4 期。

② 汪建成:《刑事和解与控辩协商制度的衔接与协调——基于对刑事诉讼法修正案（草案）第 274—276 条的分析》，载《政法论坛》2012 年第 2 期。

2. 两种制度侧重点不同

不难看出，囿于两种制度的目标指向不同、期待解决的社会矛盾不同，认罪认罚从宽与刑事和解制度有着不一样的侧重点。具体到认罪认罚从宽制度之中，犯罪嫌疑人、被告人通过承认自己所犯的罪行，在知情权和选择权被保护的前提下进行不同程序的选择，不仅使其得以在实体方面获得从宽的刑事处罚，也使得其获得程序从简，减轻讼累。这对于司法机关和犯罪嫌疑人、被告人是一种双赢。相比较合作性司法理念兴起之前，彼时被认为先进的刑罚理念是国家掌握刑事犯罪的追诉和刑罚权，通过控、辩、审三方的司法协作与博弈这一种缺乏层次区分的程序，使得犯罪嫌疑人、被告人得到相应的刑事处罚。但第二次科技革命和金融等生活领域各方的飞速发展，使得案件的复杂程度、案件的种类、案件的数量都有了迅猛的增加，司法力量即使是依靠新增的侦破、问讯等手段，也无法继续维持这种单一的诉讼程序。这也是世界各国相继在刑事诉讼领域出现简化程序的原因。总的来说，认罪认罚从宽制度的设立，和美国辩诉交易、德国刑事处罚令等，是基于同样的案多人少的社会矛盾，其侧重点是节省有限的司法资源、对案件进行层次区分以对应不同程序提升司法效率。① 同时相应的给予犯罪嫌疑人、被告人与其所犯下的罪行相一致的对应处罚。总而言之，从社会背景和主要矛盾来看，认罪认罚从宽的核心的价值就是在提升诉讼效率、区分犯罪层次、给予轻重犯罪以对应程序，进而充分利用有限的司法资源，让犯罪嫌疑人、被告人得到合理的刑事处罚。这就不难解释为什么在认罪认罚从宽制度中，被害人只是可以向司法机关反映意见，但该意见并非必须被接受。之于刑事和解制度，在20世纪下半叶各国相继开展被害人权利保护运动的基础上，关注被害人意见的表达、诉求的实现。② 主要考量是出于修复被损害的社会关系，消弭社会矛盾，降低社会危险因素。氏族复仇本就是刻在人类这种高级情感动物基因中的记忆，单纯给予犯罪嫌疑人、被告人以刑罚，并不足以消除被害人一方的恨意，也并不能使得被害人一方物质上得到补偿、情感上得到慰藉。

---

① 孙道萃：《认罪认罚从宽制度研究》，中国政法大学出版社2020年版，第1页。

② 程滔，封利强，俞亮：《刑事被害人诉权研究》，中国政法大学出版社2015年版，第3页。

基于此，我国在2012年《刑事诉讼法》中明确了刑事和解的特别程序，这是在我国明确认罪认罚从宽制度之前确定的程序。刑事和解程序本身的设置和目标，更偏向于关注被害人一方的物质补偿和精神抚慰，这与认罪认罚从宽制度更加关注犯罪嫌疑人、被告人问题的解决，是一种天然的矛盾和张力。而适用范围上存在的交叉，使得本就侧重方向相左的两个制度之间难以调和，适用中又缺乏具体制度和规范进行细化，在实践过程中就考验着司法机关的创造力和执行力，然而这又与案多人少、司法资源紧缺的主要问题形成矛盾。

3. 两种制度缺乏衔接措施

认罪认罚从宽制度与刑事和解在各阶段都可以进行，并且参与人员都离不开司法机关、犯罪嫌疑人、被告人以及被害人，两者启动以后都可能引起从宽量刑甚至是不起诉的后果。但是目前两个制度仍然没有建立起衔接机制。犯罪嫌疑人、被告人既然选择认罪认罚以后，司法机关没有告知犯罪嫌疑人、被告人可以启动刑事和解以获取更多量刑优惠的义务，同时导致被害人在不知情的情况下，可能出现犯罪嫌疑人、被告人已经与司法机关达成协议，跳过被害人而取得量刑优惠，削弱犯罪嫌疑人、被告人的和解意愿，导致刑事和解的适用率不高。由于两种制度缺乏衔接措施，如果只适用其中一种制度，可能会出现忽略了另外一种制度而有损害当事人的权利隐忧。再者如何调节两种制度的进程的问题，当按照认罪认罚处理案件得出不起诉结果的时候，刑事和解仍然没有达成协议，此时对于案件如何处理？再比如是否应该由同一批的司法机关工作人员同时负责两种制度，一方面避免多头重复履行告知，另一方面更好全面评价观察犯罪嫌疑人、被告人的表现，更客观准确提出量刑建议。另外，值班律师制度也没有同时覆盖两种制度中的当事人，在犯罪嫌疑人、被告人能够得到全过程法律支持的时候，被害人却没有同类的法律援助，这也是对于被害人利益的损害。

综上，由于缺乏相关的衔接机制，司法机关在实际操作中各自为政，可能会损害当事人利益抑或造成适用中进程不一、多头告知等引起案件当事人混乱的局面，影响两种制度的最终适用效果。

二、刑事和解与附带民事诉讼的冲突

随着人们对权利认识的深入，人们已经广泛关注刑事犯罪中私人权利与国家权力的对峙，随着人们对民事侵权与刑事犯罪的认识更加深刻，人们逐渐意识到在刑事犯罪中民事责任与刑事责任的交融与衔接问题。在构建和谐社会的背景下，2012 年，刑事和解程序以特别程序的新面孔出现在我国刑事诉讼法中。刑事和解制度的提出与我国刑事诉讼法中早已予以规定的附带民事诉讼制度，两者在整个刑事诉讼程序的实践中趋于相同化，两者所发挥的功能上有相似性，没有体现出两个制度自身独特的价值。

刑事诉讼法是一个有机的整体，其内部必然具有条理性与规律性，刑事诉讼中的每一个程序与制度的设计都有其自身存在的独立价值与意义，每一个程序与制度之间都应当是不可重合与不可替代的。正是基于这样的缘由，刑事诉讼法才可能成为一个规范的、有序的、有效的、科学的有机整体，使得我们得防止在刑事诉讼法的适用过程中出现无序与混乱的状态。实践中自发产生的刑事和解程序与附带民事诉讼制度在整个刑事诉讼程序中产生“异曲同工”的效果，并不是我们所喜闻乐见的，两个制度的解决问题的趋同化最终将会导致的是两个制度之间不可避免的冲突。

（一）附带民事诉讼保障被害人获得民事权利保护的失效

在解决刑事被告人的犯罪行为引起的民事损害赔偿的问题上，当今世界上主要有三种通行的模式：第一种是民事诉讼依附于刑事诉讼模式，对于刑事被害人因犯罪侵害而遭受到的损失的民事赔偿，原则上是在刑事诉讼中附带解决。这一模式的提出，主要是出于对诉讼便利与诉讼效率的追求。第二种是混合模式，即刑事和民事相对分离。在这种模式下，一部分法律规定的案件是可以通过刑事附带民事诉讼予以解决，而其他情形下民事损失赔偿是需要单独通过民事诉讼或是其他程序予以解决。第三种是刑事诉讼与民事诉讼的绝对分离模式，这一模式主要考量刑事与民事两大诉讼法在诸多方面上的较大差别，从轰动全球的辛普森案，我们可以看出美国是实施该模式的典型代表国家。

我国最高人民法院《关于适用〈中华人民共和国刑事诉讼法〉的解释》（下文简称《高法解释》）第 164 条规定：被害人或者其法定代理人、近亲属在刑事诉讼过程中未提起附带民事诉讼，可另行提起民事诉讼。从该规定我们可以看出，我国对于由犯罪行为引发的民事赔偿接近于第二种模式。①但是，出于对公平价值的衡量，人民法院只能依照《高法解释》中的相关规定，对民事赔偿部分进行调解，如若调解不成，也只能根据物质损失情况作出判决。即使是另行提起的单独民事诉讼中，人民法院处理民事赔偿问题仍然受该《高法解释》的限制，其实质上依旧依附于刑事诉讼，不能独立依照相关民事诉讼的规定独立运行。实际上，我国实际实行的是第一种模式——民事诉讼依附于刑事诉讼，即绝对的刑事附带民事诉讼。与第一种模式下的其他国家附带民事诉讼不同，我国的附带民事诉讼独立性小，民事诉讼更大程度上被刑事部分所包含与吸收。由于刑事诉讼与民事诉讼的价值取向不同，刑事诉讼的首要目的是打击犯罪，而民事诉讼的目的在于保护民事权利。所以将民事诉讼置于刑事诉讼当中，必会受到刑事诉讼价值的影响并且发生冲突。② 我国附带民事诉讼中被害人与普通民事诉讼中的原告人相比较，附带民事中的被害人缺失了诸多民事权利，其中当事人程序选择权与精神损害赔偿请求权的缺失为重要表现。

1. 当事人程序选择权的限制

我国现行刑事诉讼程序的设置对于当事人意志没有给予必要的重视，当事人对于诉讼程序和程序性事项没有足够的选择和处分的自由。③ 我国刑事诉讼中未设置当事人对程序的选择处分自由的权利，这不能成为附带民事诉讼程序中当事人程序选择权被剥夺的缘由。

刑事附带民事诉讼制度的产生是由于犯罪行为既触犯了刑事法律同时又侵犯了民事权利，这便形成了民事诉讼与刑事诉讼的交叉情形。随着人们对于私权利保护越来越注重，我国这种传统的“刑优于民”纠纷解决的思维受到了严重的抨击，在解决因刑事被告人的犯罪行为引起的民事损害赔偿的问题上，我国采用民事诉讼依附于刑事诉讼的做法已经广为诟病。在犯罪行为引发的刑事诉讼与民事诉讼发生交叉的情形下，我们应当确定民事诉讼的

① 陈瑞华，黄永，褚福民：《法律程序改革的突破与限度：2021 年刑事诉讼法修改述评》，中国法制出版社 2012 年版，第 195 页。

② 龚泽文：《刑事被害人附带民事诉讼权利保护研究》，兰州大学 2014 年硕士学位论文。

③ 刘蕾：《刑事诉讼当事人程序选择权研究》，中国政法大学 2007 年博士学位论文。

独立地位。刑事附带民事诉讼是一种特殊的民事诉讼，与刑事诉讼同源（同因犯罪行为引起）不同质（刑事与民事性质有异）。① 民事诉讼中程序选择权是当事人的一项重要的权利，学者们将其界定为“当事人在法律规定的范围内，选择纠纷解决方式，在诉讼过程中选择程序以及与程序有关事项的权利”。② 附带民事诉讼的私权本质决定了附带民事诉讼当事人应当具有程序选择权。虽然我国的刑事法律中已经规定了刑事被害人对于犯罪侵权行为可作出提起附带民事诉讼或单独提起民事诉讼的选择，但是这种选择权存在诸多限制，如刑事被害人单独提起民事诉讼必须遵循“先刑后民”的原则，即只能在刑事诉讼结束后才能提起民事诉讼。对于犯罪人在逃迟迟未归案，或者犯病没有办法进行刑事诉讼的等刑事案件久拖不决的情形，这就意味着被害人的权利救济了了无期。

如上文所提到的《高法解释》第 200 条规定相关人员在刑事诉讼过程中未提起附带民事诉讼，可以另行提起民事诉讼。我国现行法律中明确规定人民法院审理刑事附带民事诉讼案件，不收取诉讼费用。但是单独的民事诉讼要预交诉讼费用，当事人（原告）不可避免需要承担因预先支付诉讼费用而带来的风险。因犯罪行为引起的民事损害赔偿的问题可以附带提起民事诉讼也可单独另行提起民事诉讼，单独提起民事诉讼必然会产生诉讼费用问题。但是我国法律出于对公平价值的考虑，明确规定另行提起民事诉讼法院最终作出的裁判与附带民事诉讼法院作出的裁判结果大致是一样的，那么民事原告为何要去冒预先支付诉讼费用的风险，追求一个本可以不用承担任何风险也可以得到相同的结果呢？这种选择的设置本身就违背了一般人的正常心理，在这种情况，几乎很少有原告愿意另行提起民事诉讼。这就难免会让我们产生在附带民事诉讼中其实并没有给予当事人程序选择权的质疑。

我国《民法典》第 187 条规定，民事主体因同一行为应当承担民事责任、行政责任和刑事责任的，承担行政责任或者刑事责任不影响承担民事责任；民事主体的财产不足以支付的，优先用于承担民事责任。根据这一条，我们可以明确得出刑事责任与民事责任应当是同等重要的，是不可以互相替

① 王福华，李琦：《刑事附带民事诉讼制度与民事权利保护》，载《中国法学》2002 年第 2 期。

② 左卫民，谢鸿飞：《论民事程序选择权》，载《法律科学》1998 年第 6 期。

代的。我国这种民事诉讼完全依附刑事诉讼的做法是不成熟的。我们应当赋予当事人彻底的程序选择权，以及设置相应的程序选择的后果。对于犯罪行为引起的民事赔偿是实施附带民事诉讼还是单独提起民事诉讼这是由当事人的程序选择权所决定的，并且我国《刑事诉讼法》对于单独提起民事诉讼后民事法院的处理不应当、不得加以过大的限制，当然出于对公平的价值考量，必要的限制是不可避免的。

2. 精神损害赔偿请求权的缺失

精神损害赔偿，是随着《民法通则》的公布实施而在中国建立的一项民事法律制度，是中国公民权益的拓展。精神损害赔偿是权利主体因其人身权益受到不法侵害而使其遭受精神痛苦或精神受到损害而要求侵害人给予赔偿的一种民事责任，是现代民法损害赔偿制度的重要组成部分。2001 年《最高人民法院关于确定民事侵权精神损害赔偿责任若干问题的解释》对精神损害赔偿的范围、项目、数额以及赔偿方式等具体内容加以明确规定。随着世界范围内对刑事被害人的权利保护越来越关注，我国理论界与实务界也对被害人的权利保护愈加重视，犯罪侵权导致的精神损害赔偿应当予以相应的赔偿已经成为学术界大多数学者的观点，这也是我国《宪法》尊重与保障人权的应有之意。然而，我国《高法解释》规定，因受到犯罪侵害，提起附带民事诉讼或者单独提起民事诉讼要求赔偿精神损失的，人民法院不予受理。这种将精神损害赔偿排除在附带民事诉讼赔偿范围外的做法，将阻断了附带民事诉讼原告寻求其应有的精神损害赔偿民事救济道路。

精神损害赔偿请求权是民事法律赋予一般民事主体享有的基本民事权利，国外对附带民事诉讼的立法中，不论是英美法系还是大陆法系都规定了精神损害赔偿事项。如法国《刑事诉讼法》第 3 条第 2 款规定："民事诉讼应当包括作为起诉对象的罪行所造成的物质的、肉体的和精神全部损失。"① 正如上文我们所说的刑事责任与民事责任是不可以混同的，我们不能因为刑事责任的承担就免于考虑民事责任。这种将精神损害赔偿请求权排除的做法，是不能体现我国对被害人的全面、有效保护的。我国民事法律明确规定精神损害赔偿事项，并且也在进一步扩大精神损害赔偿的范围。刑事法律与

① 甄贞，李美蓉：《关于我国刑事附带精神损害赔偿制度的构建》，载《法学杂志》2010 年第 2 期。

民事法律位于同一法律位阶，刑事法律是不可以剥夺附带民事诉讼民事主体的民事权利，刑事法律直接将精神损害赔偿一律排除适用的做法，这将会造成国家法律制度的内在不统一。

我们应当去除“大刑法”的观念，正如陈兴良教授所说的“对刑法的迷信，是各种政治迷信中最根深蒂固的一种。如果说在智识未开启的古代社会，这种迷信还有一定的市场的话，在当今文明社会，刑法迷信应当在破除之列”。① 对于犯罪行为以及犯罪行为所引发的民事侵权，我们不仅“要打而且还要罚”，加害人民事责任的惩罚不仅只是犯罪行为所引起的物质损失，理所应当包括对被害人的精神损害赔偿。将精神损失赔偿纳入附带民事诉讼的赔偿范围，这是实现我国部门法内部统一与和谐的需要，同时也是符合国际通行做法的表现。

（二）刑事和解纠纷的化解、秩序恢复的失效

部分学者认为刑事和解是中国本土化的诉讼程序，与现行西方非常通行的恢复性司法制度存在着实质上的区别。二者的区别主要表现在：二者的起源不同、二者参与主体不同、二者的性质不同。② 刑事和解的目的是恢复被犯罪人所破坏的社会关系、弥补被害人所受到的伤害以及恢复犯罪人与被害人之间的和睦关系，并使犯罪人改过自新、复归社会。在国际社会追求平稳、和谐的社会状态以及刑罚的轻刑化的趋势下，刑事和解与恢复性司法最初设立的目标以及最终所要达到的目的都是一样的，两个制度殊途同归。

在实践中，中国本土的刑事和解制度与刑事附带民事诉讼程序两者在实质作用的发挥上并无多大的差别，如若刑事和解程序在刑事诉讼中作用仅是附带民事诉讼程序的代替品，那么刑事和解制度在我国刑事诉讼法中的出现必然成为一大败笔。现阶段，刑事和解程序除了应当解决当事人之间关于经济赔偿问题之外，同时更应当注意发挥其与附带民事诉讼制度不同的作用，刑事和解程序一方面要解决好经济赔偿问题，而另一方面其最为重要的落脚点应在于切实保障纠纷的化解、社会秩序与当事人和睦关系的恢复，而这一方面也正是现行刑事和解程序失效之处。

---

① 陈兴良：《刑法的价值构造》，中国人民大学出版社 1998 年版，第 352 页。

② 葛琳：《刑事和解研究》，中国人民公安大学出版社 2008 年版，第 26 页。

1. 刑事和解纠纷的化解、秩序恢复作用失效的原因

刑事和解程序在纠纷的化解与社会秩序以及当事人和睦关系的恢复上作用失效的原因，主要表现在以下两个方面：

其一，刑事和解方式的单一化。刑事和解方式的单一化，阻碍了当事人之间纠纷的切实化解、和睦关系以及社会秩序的恢复。经济损失的赔偿是各国在刑事和解程序中采取的主要纠纷解决方式，从我国的司法实践中来看，经济损失的赔偿几乎成为刑事和解协议达成的唯一行之有效的方式。这种单一化的刑事和解方式诟病颇多。

首先，经济赔偿这种刑事和解方式将当事人双方关注的重点问题从犯罪的形成、犯罪的伤害以及双方的协商会谈转移到了钱眼里，双方当事人更多关注的是钱多钱少的问题，即使最终达成了和解协议，表面上纠纷得以解决，但实质上，双方除了在钱的问题上达成了一致意见，其余事项基本上还停留在原点，当事人双方因为过多精力集中在金钱问题的协商上，而根本无暇顾及纠纷是否切实化解，当事人之间缺乏各自情感的必要宣泄以及当事人之间缺乏心灵上的沟通协商，必然使得刑事和解在弥补被害人心理伤害和双方当事人不计前嫌和睦相处的目的大打折扣，其次，刑事和解的另外一个目的是恢复被犯罪人所破坏的社会秩序，使犯罪后的社会秩序恢复到未犯罪之前一样。其实这一目的的落脚点是犯罪所在社区秩序的恢复，而这一秩序的最终恢复要重点考量的标准之一是社区中人们对该犯罪以及犯罪处理的评价。单一的以赔偿作为刑事和解方式，这在很大的程度忽视了社区秩序的恢复，经济赔偿解决的仅仅是双方当事人之间的问题，社区人们无法仅从单一的经济赔偿中领悟国家对该犯罪行为的负面评价。经济赔偿经常让人质疑和批判为是“花钱买刑”的方式，在一定程度上会造成司法的权威遭到轻视、人们对法律的不信任的危机，这种负面影响的产生是不利于社会秩序的恢复的。

其二，各方主体在和解程序下的功利化追求。首先，被害人在和解中十分注重经济赔偿。经济赔偿这种方式确实可以弥补犯罪造成的物质损失，甚至在一定的程度上达到精神抚慰的作用。但是，仅凭单一的经济赔偿方式实现彻底的精神抚慰的作用，除了在一些轻微的刑事案件中能得以实现，大部分案件中经济赔偿方式只能发挥弥补物质损失、解决被害人的现实困难。我们知道西方国家是在法治社会建成后才涌进恢复性司法的潮流，国民对于犯

罪的普遍意识是处于一种相对包容与宽和的心态，报复性心理逐渐减弱，他们希望刑事和解这类宽和的治理手段的出现。而我国是在法治社会的建设中提出刑事和解程序，人们依旧摆脱不了严重的报复心理，人们仍旧对刚性的刑罚与司法热衷的追求着，又加之我国保障制度的缺乏，人们会将天平的一端绝对性的倾向于经济赔偿，而所谓的纠纷是否真正化解、当事人的关系是否恢复和睦以及社会秩序是否确实恢复，这都不在他们所考虑的范围之内。

其次，加害人以经济赔偿为由提出不合理的减免刑罚的要求，被害主体一方由于现实困难的逼迫出于无奈之举达成刑事和解，国家司法机关出于对被害人的利益考虑不得不作出一定的让步。经济赔偿可以作为加害人悔罪表现的一个标准，但绝不是绝对的标准，我们不能排除很多情况下，加害方的经济赔偿并不是出于真诚悔罪，而是出于以此换取减轻刑罚的目的。在这种情形下，可想而知刑事和解程序所要达到的真实目的是难以实现的。

2. 刑事和解目的实现的解决措施

如上文所述，阻碍刑事和解目的的实现主要是两个方面的原因，针对这两个原因我们提出以下两种解决措施。

第一种是建立刑事和解的多元化途径。在我国的司法实践中，经济补偿是刑事和解的主要形式，除了传统的经济补偿手段外，还有赔礼道歉、恢复原状、社会服务等。在我国刑事和解的实践中，可以将其分为两种类型：一种是精神和解，一种是物质和解。[①] 物质上的和解方式主要包括经济赔偿和恢复原状等，在物质性的刑事和解方式上经济赔偿将仍被视为主导方式。

精神上的刑事和解方式包括：赔礼道歉、恢复名誉、消除影响、社区服务等。刑事和解协议的达成是建立在加害人真诚悔过取得被害人谅解的基础上，赔礼道歉是加害人向被害人真诚悔改，求得其谅解必不可少的一种方式。赔礼道歉对于被害人修复过往经历造成的情感伤害极为重要。赔礼道歉应当且必然成为刑事和解中的必要方式。虽然现阶段刑事和解仍然是以实现经济赔偿为主要目的，但是不远的将来，精神上、心理上的恢复，纠纷从内心上的根本解决才是刑事和解程序所追求的终极目标。

为保障精神上的刑事和解方式确实可行，那么我们必须保障当事人之间

---

① 王志祥：《刑事和解制度的多维探究》，北京师范大学出版社 2013 年版，第 165—167 页。

必要的协商会谈，应当建立当事人双方之间的互动模式。加强加害人与被害人及其各自的家庭和朋友在良好的协商环境下进行会谈，以及提供保障相对良好的环境让当事人双方相互倾诉、发泄、释放，这样更有利于双方取得互相谅解，在这种交流与倾诉下被害人与加害人可以得到到心理上的最大恢复，更易于他们再次回归社会。只有当我们充实了精神上的刑事和解方式，我们才能真正地实现刑事和解的目的。

第二种是改善加害人与被害人在刑事和解程序中的功利化追求。首先，我们必须隔断经济赔偿与“花钱买刑，花钱减刑”这种错误的对应关系，在刑事和解程序中我们应当传递出这样一种信念——我们提倡与鼓励刑事和解，但是我们更加维护司法正义，犯罪本就应当接受刑罚处罚。经济赔偿这种刑事和解的方式本没有错，而真正的错误源在于那些试图花钱来掩盖自己的罪行、买断自己罪责的加害人。我们必须减弱加害人这种功利化的追求，加害人经济赔偿行为必须建立在以对犯罪行为的悔过自新，对被害人的真诚歉意为前提。其次，我们也应当减弱被害人对经济赔偿的重视。被害人之所以对经济赔偿如此注重，确实是因为犯罪行为给其造成了现实的困难。同时，这也与我国偏于内向的民族性格、重实体正义的文化心理有关系。为了减弱被害人对经济赔偿的关注，我国必须完善相应的保障性制度，如建立被害人国家补偿制度，同时，我们应当加大宣传心理健康的重要性。在犯罪发生后对被害人与加害人心理状况关注是十分有必要的，我们应当设立相关的心理辅导机构，专门用以对被害人与加害人进行必要的心理疏导。

（三）适用案件类型的纵横交错

1. 刑事和解适用案件类型

与传统的刑事司法解决措施不同，刑事和解本质上属于一种非常规的、补充性的刑事纠纷解决措施。基于刑事和解程序自身的“变态性”，我们必须给刑事和解的适用范围设定一定的限制。

第一，根据刑事纠纷的主体划分。刑事和解主要适用于因民间纠纷引起的熟人之间的犯罪，熟人犯罪主要包括：家庭成员之间的、亲属之间的、邻里之间的、同事同学之间、朋友之间的犯罪。对于未成年人犯罪，虽然我国刑事诉讼法未规定未成年主体犯罪适用刑事和解程序，由于我国对于未成年人犯罪主要采取的方针是“教育挽救、预防再犯为主，严厉打击为辅”，从我国的司法实践以及西方各国通行的做法来看，以及未成年的生理特性，对未成年犯罪应当适用刑事和解，但是未成年加害人累犯、惯犯的除外。

第二，根据案件的轻重范围划分。依据我国刑事诉讼法，将刑事和解适用范围主要界定在轻罪案件或者是过失犯罪案件中。然而我国司法实践中已经将刑事和解程序的适用范围突破了轻罪的适用界限，据相关学者调查发现，在实践中新《刑事诉讼法》实施后刑事和解在故意杀人等重罪案件中的适用基本上没有减少，仍具有一定普遍性。① 刑事和解程序是一种自愿选择性的纠纷解决程序，我国刑事诉讼法不应当过于死板地限制刑事和解程序适用的范围，我们不能一以概之地排除重罪刑事和解的可能性，我国学者已经对重罪案件适用刑事和解问题展开了研究。②

第三，刑事和解程序禁止适用范围。刑事谅解（即本文的刑事和解）致力于调整被害人与犯罪人之间的关系，是弥补被害人及其亲属因犯罪所遭受的损害方式之一，而被害人与犯罪人之间协商的内容是物质赔偿、精神抚慰等民事责任的解决方案。③ 当事人双方私人主体在刑事和解的过程中同附带民事诉讼程序一样，是对民事损害赔偿问题进行处理解决，协商所达成的协议不会直接产生刑事司法效果，只能作为办案机关以及执行机关在刑事裁量过程中的考量因素。但是刑事和解制度与附带民事诉讼程序是有区别的，其适用范围是有严格界限的，特别是在严重涉及国家利益与公共利益的犯罪类型，是应当绝对排除刑事和解程序的适用。现行《刑事诉讼法》第 288 条第 1 款第 1 项、第 2 项规定：（一）因民间纠纷引起的，涉嫌刑法分则第四章、第五章规定的犯罪案件，可能判处三年以下有期徒刑以下刑罚的；（二）除渎职犯罪以外的可能判处七年有期徒刑以下刑罚的过失犯罪案件，双方当事人可以和解。我国《刑事诉讼法》明确规定了刑事和解程序可适用的范围，由于刑事和解制度在实践中的适用的广泛性以及司法机关的自由裁量权过大，对于刑事和解程序绝对不可适用的案件类型刑事诉讼法也应当

---

① 陈学权：《我国重罪案件适用刑事和解面临的挑战及应对》，载《法学杂志》2015 年第 4 期。

② 刘亚娜，王大洋：《论刑事和解在重罪案件中的适用》，载《求索》2012 年第 3 期。

③ 卞建林，封利强：《构建刑事和解的中国模式——以刑事谅解为基础》，载《政法论坛》2008 年第 6 期。

予以明确规定。绝对排除适用刑事和解的案件应当包括：危害国家安全罪、危害公共安全罪中的故意犯罪（交通肇事罪等有具体被害人的过失犯罪除外）、破坏社会主义市场经济秩序罪、妨害社会管理秩序罪、危害国家利益罪、贪污受贿罪、军人违反职责罪。①

2. 附带民事诉讼适用案件类型

我国刑事诉讼法及其相关司法解释并没有明确规定附带民事诉讼的适用案件范围，根据《刑事诉讼法》第101条规定："被害人由于被告人的犯罪行为而遭受物质损失的，在刑事诉讼过程中，有权提起附带民事诉讼。如果是国家财产、集体财产遭到损失的，人民检察院在提起公诉的时候，可以提起附带民事诉讼。"从该条文中可推定，只要犯罪行为对相关主体造成了物质损失，不论在什么类型的犯罪案件当中，都可以提起附带民事诉讼。除《高法解释》第176条规定的事项之外，被告人非法占有、处置被害人财产的，应当依法予以追缴或者责令退赔，即这一类犯罪中物质损害本身就是犯罪的客体，如侵占罪、故意毁坏财物罪等。由于附带民事诉讼没有具体的案件类型适用的限制，绝大多数的刑事案件中都可以提起附带民事诉讼。

3. 刑事和解程序与附带民事诉讼程序适用案件类型的纵横交错

我国《刑事诉讼法》第288条明确规定刑事和解程序适用案件范围，对刑事和解程序的适用范围进行明显的界分。而我国附带民事诉讼程序的适用除却上述列举出来的刑法第五章中所规定的侵占罪、职务侵占罪、故意毁坏财物罪外，对于其他存在因犯罪行为导致的物质损失的案件，被害人都可以通过附带民事诉讼解决民事侵权问题。这也就意味着，在刑事和解程序可适用的"因民间纠纷引起，涉嫌刑法分则第四章、第五章规定的犯罪，可能判处三年有期徒刑以下刑罚的，并且犯罪嫌疑人、被告人在五年以内没有故意犯罪的案件"以及"除渎职犯罪以外的可能判处七年有期徒刑以下刑罚的过失犯罪案件"两大类案件中，会出现刑事和解程序与附带民事诉讼程序竞合适用的情形。

刑事和解程序和附带民事诉讼程序均可用于解决民事损害赔偿，但我国现行法律没有明确规定刑事附带民事诉讼与刑事和解程序的衔接，因此，在这两大类型的案件中，存在着与当事人和解程序之间的矛盾。此外，由于我

---

① 葛琳：《刑事和解研究》，中国人民公安大学出版社2008年版，第259页。

国法律对刑事和解程序的适用空间进行了严格的限定，因此，在其他案件中，没有任何适用的余地，因此，也就不存在与附带民事诉讼程序相抵触的情况。① 但是在上述两大案件范围内，在能同时适用这两种程序时，就可能会产生以下的困惑：一方面，由于我国立法并未对两种程序究竟是何种关系以及在适用上发生竞合时应当如何选择，这将会造成当事人程序选择的困惑，致使当事人对两个制度进行程序选择时都带有难以考量的任意性；另一方面以，由于在立案、侦查、审查起诉和审判诉讼环节都可以启动以上两种程序，就会产生在不同的诉讼环节是否可以分别适用刑事和解程序以及附带民事诉讼程序的困惑，以及在当事人不满意或是反悔一个程序损害赔偿协商结果，当事人能否再次启动另一程序重新对犯罪行为所造成的民事侵权行为进行和解、协商。

（四）和解调解程序的叠加重合

在构建和谐社会，贯彻落实“宽严相济”的刑事政策的社会大背景下；在人权保障，特别是自20世纪70年代，被害人的人权保障问题日益受到人们关注的情形下；在传统的刑事司法体系所产生的诸多问题（如司法系统、监狱负担沉重，被害人精神恢复和物质赔偿难以到位等）的困境下，我国学者已经开始对我国刑罚的作用、传统的刑事司法的重打击犯罪的一元目的和传统的刑事纠纷的解决模式进行反思。为此，我国学者从不同的角度出发提出了诸多解决方案，其中提出以调解、和解为主要方式的新型的刑事纠纷解决模式，备受社会各界的关注。调解、和解方式的提出并不是中国法律界所特有的，在大陆法系国家，这种新型争端解决模式最具代表性的是法国的刑事调解、刑事和解制度和德国的犯罪人与被害人和解制度。在英美法系国家，这种争端解决模式则体现为各国丰富多彩的恢复性司法实践。②

根据最高人民法院和司法部2007年签发的《关于进一步加强新形势下人民调解工作的意见》（下文简称《意见》）规定，人民法院对刑事自诉案件和其他轻微刑事案件，可以根据案件实际情况，参照民事调解的原则和程

① 刘少军：《论当事人和解与刑事附带民事诉讼程序的衔接》，载《政法论坛》2016年第1期。

② 宋英辉：《刑事和解制度研究》，北京大学出版社2011年版，第23页。

序，尝试推动当事人和解，尝试委托人民调解组织调解。由此《意见》可得出，刑事案件和解程序的适用参照民事调解的原则和程序，这一规定将刑事和解与民事调解（包括刑事附带民事诉讼调解）建立了紧密的联系。在司法实践中，刑事和解与附带民事诉讼调解程序很大程度上显示出相同化，可以说刑事附带民事诉讼调解的大部分规定和经验都直接被和解程序所采用。如河南省郑州市中级人民法院《刑事和解、附带民事诉讼调解工作实施意见》中对刑事和解与附带民事诉讼调解分别进行了界定，但是除了调解人不同之外，两者并没有其他区别。①

1. 目的及效果的重合

刑事和解与附带民事诉讼调解程序都以恢复性司法价值的实现为目的。恢复性司法所寻求的是加害人、被害人、社会三方面的整体利益均衡，被害人则应通过弥补被害人在治疗过程中遭受的物质损失和心理创伤，将其财产和精神上的收益回归至原有的均衡状态；对受害者和社会来说，应对自己的过失和对自己的错误负责，并将其移交给他人，同时保证了其对社会的保障；对社会来说，受损的社会关系可以通过受害者和施暴者的共同努力来重建，使社会的和谐和得以维持。② 从附带民事诉讼调解程序以及刑事和解程序在司法实践中的运作，两者皆是通过当事人双方之间的面对面的协商会谈，以此达到保障被害人的财产与精神利益，促进加害人的真诚悔罪以及更好地回归社会，并且恢复因犯罪行为而遭到损害的社会关系。换言之，附带民事诉讼调解程序与刑事和解程序相同都符合恢复性司法的目的。

刑事和解与刑事附带民事调解是实现诉讼效益的必然选择结果。刑事和解与附带民事调解都具有灵活、及时性，被害人与加害人之间不需要为了取得己方的最终胜利而各自投入巨大的金钱和时间。同时与诉讼程序的正式性不同，和解调解程序相对比较随意，不受过多的程序约束。和解调解程序贯彻诉讼的始终，也就是说会有一部分案件在法院审判之前已经达成了调解、和解协议，对于法院的审判工作捋顺了道路，提升诉讼效率。另外通过和解、调解程序解决纠纷的案件，有利于降低加害人的社会危险性以及再犯可

① 李莉：《刑事和解与刑事附带民事诉讼制度比较研究》，中国政法大学 2014 年硕士学位论文。

② 何佐：《刑事附带民事诉讼调解的研究》，中国政法大学 2007 年硕士学位论文。

能性，会带来很好的社会效果。

2. 程序适用上的相同

第一，适用对象与范围。刑事和解与刑事附带民事诉讼具有相同的适用对象，皆是在刑事诉讼中针对犯罪行为所造成的民事责任进行解决处理，即使双方当事人在刑事责任方面达成了统一的协商意见，也不具有约束力。在适用的时间范围上，和解调解程序都可以适用于立案、侦查、审查起诉以及审判各个诉讼环节。在适用的案件范围上，我国现阶段刑事附带民事诉讼适用范围大于刑事和解，我国立法未对附带民事诉讼的案件适用范围进行过大的限制，而刑事和解适用案件范围则进行了从严的规定。刑事和解程序适用案件范围主要分为以下三类：第一类是适用范围是轻微刑事案件，在该类案件中只要是在双方当事人自愿的情形下，司法机关必须同意并且积极主持和解程序；第二类适用的对象是未成年犯罪人，不论其犯罪的轻重，对于该类对象是属于绝对可以适用刑事和解程序范围，除累犯、惯犯之外；第三类适用范围是轻微刑事案件以外的犯罪案件，包括轻罪与重罪案件，对于这一类案件在司法实践中已经自发地适用和解程序。在实践中，刑事和解程序案件适用范围远远超出了立法的规定，其实两个程序在适用案件范围上没有很大的不同。

第二，适用条件。在主观条件上，调解和解程序都必须有当事人双方自愿进行和解的前提以及都要求以加害人认罪为前提，换言之，在调解程序中与和解程序相同，都是以加害人真诚悔罪、赔礼道歉为前提。真诚悔罪情节的必要的、具象的表现方式是加害人的有罪答辩，所以有罪答辩也是和解、调解程序的主观条件之一。和解、调解程序适用的客观条件是案件事实清楚、证据充分。如果没有客观条件这一前提，那么和解、调解程序的进行没有很大意义，即使是进行了和解、调解，在这种不清不白的基础上的和解、调解，也不能达到和解、调解程序适用所要达到的目的。

第三，程序的提出与启动。被害人、加害人是与和解、调解结果有着直接利害关系的人，毋庸置疑，享有和解、调解程序的提出权，以及当事人双方各自的诉讼代理人也有和解、调解程序启动、提出的权利。基于调解、和解程序具有的区别于诉讼的独立的价值，中立的司法机关可以在符合条件的情形下主动地提出启动调解、和解程序的意向，在征得当事人双方一致同意后，可以径行启动和解程序。

第四，程序的法律效力。达成刑事和解与刑事附带民事诉讼调解协议的结果，都将与刑事被告人最终的量刑挂钩。[①]《高法解释》的第194条规定，审理刑事附带民事诉讼案件，人民法院应当结合被告人赔偿被害人物质损失的情况认定其悔罪表现，并在量刑时予以考虑。也就是有，双方当事人达成调解协议并且即时地进行了赔偿，可以成为酌定的从宽量刑情节。我国《刑事诉讼法》第290条明确规定对于达成刑事和解的案件公、检、法三机关的处理方式。如果在侦查期间，双方当事人已经取得了刑事和解的结果，则可以由公安部门对其予以宽大处理。如果在侦查期间，双方当事人之间达成调解协议，可以由公安机关提请人民法院予以宽大处理；如果是情节较轻的，无须判刑的，可以不提起公诉。在审理期间，人民法院可以依据双方当事人在审理期间的调解协议或者公诉机关的宽大处理建议，对犯罪嫌疑人予以从轻处罚。刑事和解协议的达成在很大程度上会产生量刑上从宽的法律效果。虽然法律上对于和解协议与调解协议在量刑上规定不同，但是在司法实践中，由于和解、调解程序相同化处理，两者在量刑上并没有很大的区别。

不论是诉讼中的附带民事诉讼的调解还是刑事和解程序，从上文几个方面的讨论，我们不难发现在司法实践中，和解程序与调解程序在操作层面有许多相似之处：两者都是以自愿协商为宗旨；以事实清楚、证据充分为适用前提；两者都发生在诉讼的某些阶段；两者都以中立的独立司法机关为调解主持人；两者都要经过公权力机关的审查和确定等。我们确实承认这两个程序有不同之处，如两者在各自的侧重点上有所出入，和解强调的是对个人自由和自主权的充分尊重，调解更为注重于公权力机关积极促成双方当事人达成谅解。[②] 但是我们可以得出其实调解程序与和解程序的结构机理很大程度上是极为相似的。

3. 赔偿范围上的重合

《高法解释》第175条第2款明确规定：因受到犯罪侵犯，提起附带民事诉讼或者单独提起附带民事诉讼要求赔偿精神损失的，人民法院不予受理。仅从这一司法解释条文中可以看出附带民事诉讼对于精神损害赔偿的排

---

① 杨贝：《附带民事诉讼制度研究与实务》，中国政法大学出版社2014年版，第217页。

② 陈光中，葛琳：《刑事和解的初探》，载《中国法学》2006年第5期。

除态度是十分明显且强硬的。但是，司法机关其实并没有完全堵死附带民事诉讼精神损害赔偿的适用，附带民事诉讼中的调解程序其实就是给精神损害赔偿的适用打开了一扇窗口。我国《刑事诉讼法》第 103 条明确规定：人民法院审理附带民事案件，可以进行调解，或者根据物质损失情况作出判决、裁定。调解是双方在自愿、合法的基础上进行协商会谈，他们所协商的范围以不受物质损失情况的限制，精神损害赔偿往往是他们更为注重的协商内容。在附带民事诉讼的案件中其实是有一部分是通过调解的方式进行结案的，也就是说在这一部分案件中附带民事诉讼的调解变相地适用了精神损害赔偿。附带民事诉讼的调解赔偿范围已经打破了附带民事诉讼所强调的绝对物质损失赔偿范围的限制，附带民事诉讼的调解赔偿范围既包括物质损害赔偿也包括精神损害赔偿。虽然，我国立法对于刑事和解的赔偿范围未加以规定，但是刑事和解的赔偿范围与附带民事诉讼调解的赔偿范围是相同的，都承认精神损害赔偿。

刑事和解与附带民事诉讼中适用调解这两个程序在实践中的相同化，使得两个程序丧失了其存在的独特性，法律上两个程序的重合并非好事，两个制度的重合背后产生的是两个制度之间的冲突，和解调解程序的重合会造成法律上的一定的混乱，在人们进行两个程序适用上选择时，会无所适从。法律程序不是“不倒翁”，不是任何方向的选择，最终都可以得到一个树立不倒的相同结果，法律程序应当是明确的、有目的性的，并且每一个程序都应当是可以独立解决相应的问题，对于不同程序的选择我们要承担的是不同的法律后果，和解调解程序上的重合，这将抑制两个制度的持续发展。

（五）司法机关职能的牵连混乱

虽然刑事和解与刑事调解是两个不同的法律程序，但是其实这两个制度都具有“合作性司法”内涵。并且在我国司法实践中，两个程序基本上被同化。刑事和解与附带民事调解其实是一个过程，依照国家有关法规，公安机关、人民检察院和人民法院可以在立案、审查起诉和审理过程中对犯罪嫌疑人进行审查；由被告人、被害人自愿了解和解意向、和解协议的相关条款、权利义务，由当事人自愿协商，公安机关、人民检察院、人民法院也可以在各自的案件审理过程中充当中立的第三方，促进各方的交流；会见，谈话，并组织各方进行谈判以解决问题。其实在附带民事调解程序中公安机关、人民检察院、人民法院也是发挥上述调解人的作用。

公安司法机关的作用：其一，公安司法机关应当审查案件事实是否清楚，被害人是否自愿和解与调解的主观意图是否符合规定的条件；其二，审查时应当听取双方当事人近亲属、当地居民委员会或者村民委员会人员以及其他了解案件情况的相关人员的意见；其三，达成和解、调解的，公安司法机关应当主持制作和解、调解协议书，并由双方当事人及其他参加人员签名。①

1. 公安机关的职能混乱

如上所述，公安机关在调解、和解程序中其主要发挥的是审查刑事案件是否具有进行调解、和解的条件，以及发挥其居中的调解人的作用。《刑事诉讼法》修订以前，北京市政法委《关于北京市政法机关办理轻伤害案件工作研讨会纪要》第 3 条中明确指出，犯罪嫌疑人、被告人犯罪情节轻、认罪态度好、主动赔礼道歉，被害人不要求刑事责任的，可以根据法律的要求，给予撤销案件、不起诉、免予刑事惩罚、不判刑等宽大的判决。该条赋予了公安部门在调查期间撤销刑事诉讼的权力。关于是否可以在侦查阶段就达成的刑事和解协议作出撤销判决，实际上一直有争议。如若在轻微刑事案件因为满足达成刑事和解或调解协议，赋予公安机关撤案的权力，会造成诸多弊端。其一，在此时公安机关发挥的是法官的角色，在刑事和解与附带民事诉讼调解适用的案件中，其实都已经构成犯罪，公安机关在此处的撤销案件处理是不符合撤销案件的法定情形，公安机关在此作出的撤销案件就类似于法官作出的无罪判决。其二，由于我国现阶段对于侦查监督的有限性，赋予该程序中公安机关撤销案件的权力，容易成为权力寻租的突破口，滋生腐败，放纵犯罪。

2. 检察机关的职能混乱

《最高人民检察院人民检察刑事诉讼规则》（以下简称《高检规则》）第 502 条的规定，人民检察院对于公安机关移送起诉的案件，双方当事人达成和解协议的，可以作为是否需要判处刑罚或者免除刑罚的因素予以考虑。

---

① 陈卫东，程晓璐：《当事人和解的公诉案件诉讼程序配套规定之评析与建议》，载《中国刑事法杂志》2013 年第 7 期。本文仅讨论的是在刑事和解程序中司法机关的作用，但是笔者认为，在我国附带民事调解中司法机关的作用是与之相同的。

符合法律规定的不起诉条件的，可以决定不起诉。我国《刑事诉讼法》第177条第2款规定了酌定不起诉的情形，即对于犯罪情节轻微，依照刑法规定不需要判处刑罚或者免除刑罚的，人民检察院可以作出不起诉决定。对于不需要判处刑罚或者免除刑罚这是由刑法中刑事责任内容，在刑法没有明确规定属于免予刑事处罚或者不予刑事追究的情形下，检察机关径行依据事实判断是否"情节轻微，不需要判处刑罚"，则难免令人联想起现行《刑事诉讼法》已废止的免予起诉制度，因为检察机关此时在事实上发挥类似于法院量刑的功能。① 也就是说在刑法没有将和解协议情况作为不需要判处刑罚或者免除刑罚的考虑因素时，检察机关径行依据事实判断是否"情节轻微，不需要判处刑罚"，其发挥的是法官量刑的功能。

如果对于达成和解协议的，人民检察院只能向法院提出从宽建议，不能对相关案件作不起诉决定，这会大大地减少了刑事和解的适用率以及其价值的实现。为了避免检察机关职能的混乱，应在我国刑法中将"当事人和解"作为法定从宽情节予以规定。

（六）冲突的原因

1. 附带民事诉讼的制度缺陷：提出时间的模糊、不确定

黑格尔说"凡是合乎理性的东西都是现实的，凡是现实的东西都是合乎理性的"。这句话又被人们提炼成为一句脍炙人口的名言"凡是存在的即是合理的"。刑事附带民事诉讼是现实存在的，那么它就是合理的。但是，从哲学的辩证主义思维出发，附带民事诉讼的合理性并没有否定该制度的自身缺陷。1979年《刑事诉讼法》中首次规定刑事附带民事诉讼，为了充分满足司法实践的需要，保障被害人的诉讼权利和实体权利，有效化解社会矛盾纠纷，2012年《刑事诉讼法》基于以上目的的考量对附带民事诉讼进行了修改，但是对于附带民事诉讼的修改并没有做到十全十美，附带民事诉讼制度的缺陷依旧存在。

《刑事诉讼法》第101条规定："被害人由于被告人的犯罪行为而遭受物质损的，在刑事诉讼过程中，有权提起附带民事诉讼。被害人死亡或者丧

---

① 时延安：《刑事诉讼修改的实体法之为——以刑法为视角对〈刑事诉讼法修正案（草案）〉增设三种特别程序的研析》，载《中国刑事法杂志》2012年第1期。

失行为能力的，被害人的法定代理人、近亲属有权提起附带民事诉讼”。据此，在刑事诉讼的过程中，我们可以提起附带民事诉讼。首先一个问题将会在我们头脑中生成，“在刑事诉讼过程中”是指什么？仅指一审程序诉讼过程，还是包括二审程序、审判监督程序或是执行程序。“在刑事诉讼过程中”这一提出的时间范围太宽，可操作性比较小。

《高法解释》第184条规定，附带民事诉讼应当在刑事案件立案后及时提起。该条解释仅仅只是体现了附带民事诉讼的附带性，明确指明了附带民事诉讼的开始提起的时间只能是在刑事案件立案后。该条解释依旧无法解决上述问题。紧接着《高法解释》第198条规定，第一审期间未提起附带民事诉讼，在第二审期间提起，第二审人民法院可以依法进行调解；调解不成的，告知当事人可以在刑事判决、裁定生效后另行提起民事诉讼。从该解释我们从中得出这样的结论：一审、二审程序中都可以提起附带民事诉讼，但是在二审中提出的就只能以调解的形式结案。

立法与司法解释对于附带民事诉讼提出时间的规定是模糊、不确定的。对于附带民事诉讼提出时间的规定，我认为最终的落脚点、考虑的因素应当是附带民事诉讼制度之所以存在的目的是什么，附带民事诉讼的附带性即表明了它对效率的最终追求。

2. 刑事和解程序缺陷

继美国的赫伯特·帕克教授提出“正当程序”与“犯罪控制”的两个模式理论之后，美国学者格里菲斯又提出了“争斗模式”与“家庭模式”的理论。当然，还存在一系列诉讼模式理论，但这些都以刑事诉讼中对抗状态为出发点。根据刑事诉讼中的对抗与合作的状态，我国学者陈瑞华教授提出一种新的诉讼模式理论——合作模式。在中国这种自古以来的“和合文化”的背景影响下，传统的对抗式刑事诉讼模式已经不能满足人们对息事宁人、以和为贵的理念的追求。人们热切地希望通过协商、平和的方式解决纠纷，使得刑事和解程序在司法实践中具有天然的不可替代的广大市场。随着人们的需求度、关注度越高，刑事和解这一由司法实践自发生成的制度一跃成为学术界高度关注的核心问题之一。刑事和解制度在对传统对抗式刑事诉讼模式带来了巨大冲击与挑战的同时，该制度本身也存在诸多不足与缺陷。

（1）削弱了刑罚的一般预防

我国《刑事诉讼法》第 290 条对刑事和解的效力进行了规定，对于达成和解协议的案件，公安机关可以向人民检察院提出从宽处理的建议。人民检察院可以向人民法院提出从宽处罚的建议；对于犯罪情节轻微，不需要判处刑罚的，可以作出不起诉的决定。人民法院可以依法对被告人从宽处罚。刑事和解的效力以成文法的形式予以明确规定，使得加害人在进行加害行为之前就可能预测到犯罪的后果。

在心理学上，墨菲定律指出如果有两种或两种以上的方式去做某件事情，而其中一种选择方式将导致灾难，则必定有人会作出这种选择。当人们已经预测到犯罪的后果后，必定还是会有一部分的人会选择这种导致灾难的犯罪后果的行为。人们普遍存在一种事前的价值权衡的心理，当他们知悉了可以用金钱来抵消侵害行为所造成的刑罚，在墨菲定律下那一部分本身就会选择犯罪的人，金钱的诱惑将更加坚定了他的信念，而一部分原本犯罪与否摇摆不定的人，在这种金钱诱惑带来的轻重权衡之下，则可能会给这一部分加害人实施犯罪行为增加了底气，从而在一定的程度上起到了滋生犯罪的间接鼓励作用。这将会让人们对刑事和解制度产生这样的质疑：刑事和解所达到的从宽效果可能会使得刑罚威慑力降低，以及很大程度上有削弱了刑罚的一般预防机能之嫌。

（2）对人人平等原则可能造成冲击

从目前司法实践的实际情况来看，我国刑事和解程序主要是以通过向被害人赔偿经济损失这一单一的方式来实现的。在这种现实的背景之下，人们自然而然地就会将经济赔偿作为刑事和解程序最为重要的目的，甚至直接将经济赔偿等同于刑事和解，基于此，人们多会存在这样一种顾虑，即刑事和解程序是一种“花钱买刑、用钱减刑”的程序。

一方面，刑事和解程序这种单一的实现方式为经济上富裕的人逃避刑事责任提供了合法的途径，刑事和解协议能否达成主要是以能否赔偿被告人所想要得到的损失为标准。毋庸置疑，经济上富裕的人犯罪伤害到他人，如果可以满足被害人的经济赔偿要求，从而得到了相关人员的“谅解”，刑事和解程序得以顺利进行，就意味着被告人得到了从宽处罚的“特权”。

另一方面，当贫穷的人基于与富裕的人同样的犯罪理由而伤害了被害人，仅仅是因为没有钱，无法满足被害人的赔偿损失要求，不能使被害人得到经济上的赔偿和心理上的抚慰，从而无法进行和解，只能接受应得的刑事处罚。这种以贫、富为标准作为量刑上从宽的法则，很显然会导致定罪上的不均衡，使得还处在普通的、不富裕的大多数民众形成不公平感，这种普通民众的不公平感会限制刑事和解程序的发展，在这种情形下，当刑事和解程序适用越是广泛，民众对于刑事法律的信任度将慢慢丧失。中国古代就有“议罪银制度”，即对特定犯罪类型，犯罪人可以用银钱来抵消自己的罪行。不论是古代的“议罪银制度”，还是今天的刑事和解程序，都在一定程度上造成了“用钱赎罪”的印象，对于当今法治社会极度提倡的“法律面前人人平等原则”造成了一定的冲击。

（3）和解程序适用范围过小

一定的法律形态总是与一定的社会形态以及一定的政治形态相联系。刑事和解制度作为一种司法上的非犯罪化新出现的有效措施，是对我国现行的宽严相济的刑事政策的有力回应。刑事和解它所体现的是恢复性司法的理念，恢复性司法本身也是存在局限性的①，这种自身的局限性限制了其适用的范围，刑事和解程序只能作为正式的对抗式诉讼模式的补充。虽然，刑事和解程序的适用范围应当有限制，但是现行我国刑事和解程序的适用范围还是过小。

其一，无论是在东方还是西方，刑事和解作为刑事纠纷解决方式一直存在，但是都受到不同程度的抑制和禁止。我国《刑事诉讼法》第 288 条规定和解程序适用的案件类型：主要是因民间纠纷引发的轻伤害案件或是除渎职犯罪以外的可能判处七年有期徒刑以下刑罚的过失犯罪案件。在构建和谐社会背景和宽严相济刑事政策实施的双管齐下下，可以肯定的是，“和解热”如火如荼的趋势必将延续，刑事和解适用范围将得到大大扩展。对比国外刑事和解制度可以看出，各国基本上都在未成年犯罪案件上推行刑事和解程序，吸取各国的经验，我国未成年犯罪案件也应成为刑事和解程序的适用领域。从现实基本情况出发，刑事和解程序还可以灵活地用来解决在校学生犯罪问题以及家庭暴力引发的犯罪问题。我国现在刑事和解制度的适用范围过小，可能是基于对平等原则的考量。如果要将刑事和解程序的适用范围扩大，必须打破人们对刑事和解制度的现阶段的偏见——刑事和解制度是富裕的人逃避刑罚的避风港，则必然要使刑事和解的方式突破赔偿经济损失这

① 陈兴良：《宽严相济刑事政策研究》，载《法学杂志》2006 年第 1 期。

一单一的形式，发展多元化形式。

其二，目前刑事和解程序适用范围小，主要表现在各地公安机关、法院对于这一司法模式的大规模适用还缺乏足够的兴趣。① 《刑事诉讼法》第289条规定，双方当事人和解的，公安机关、人民检察院、人民法院应当听取当事人和其他有关人员的意见，对和解的自愿性、合法性进行审查，并主持制作和解协议书。但是，在司法实践中，相当多的司法人员并不愿意充当中立的调解人这一角色，对于双方当事人之间进行的和解协商缺乏耐心。《高法解释》第501条第2款规定，和解协议书应当由双方当事人和审判人员签名，但不加盖人民法院印章。《高检规则》第498条第3款明确规定，和解协议书应当由双方当事人签字，可以写明和解协议书系在人民检察院主持下制作。检察人员不在当事人和解协议书上签字，也不加盖人民检察院印章。司法人员在主持和解时，以这种高姿态、置身事外的形象出现，一方面是为了避免自己因过多地参与调解而致使工作量增加，另一方面是为了避免因过多地参与调解而需要承担责任。特别是《高检规则》采取如此审慎的态度，这是大可不必的，刑事和解仅是对民事责任达成和解协议，并不会产生直接的刑事司法效果，即使双方当事人在刑事责任方面达成了一致意见，对于检察机关没有约束力。既然是在检察机关主持下制作的和解协议书，检察人员在和解协议书上作为主持人上签字只是一种形式上的知晓或见证，见证双方当事人已经就赔偿损失、赔礼道歉等民事责任达成和解，见证被害人对此案建议从宽处理的态度，仅此而已。②

（4）对社区恢复以及社区作用的忽略

刑事和解程序脱胎于中国传统“和合文化”，是应广大民众对息诉理念追求应运而生。中国的民间传统，是刑事和解程序得以催生的因素，而中国的现行的“宽严相济”的刑事政策则使得刑事和解程序得以巩固。刑事和解程序属于恢复性司法的内容，在刑事和解的世界中，争议应当被理解为恢复。对于一味的只是推崇西方法律学术，而放弃或是不屑寻找本土资源的行

① 陈瑞华：《刑事诉讼的私力合作模式——刑事和解在中国的兴起》，载《中国法学》2006年第5期。

② 陈卫东，程晓璐：《当事人和解的公诉案件诉讼程序配套规定之评析与建议》，载《中国刑事法杂志》2013年第7期。

为确实是应当批评。但是，恢复性司法并不是中国法学领域“拿来主义”下的“舶来品”，恢复性司法是现有司法模式下发展到一定程度下的一种不可逆的趋势，恢复性司法并不姓洋，他不是西方所特有的，将刑事和解归类为恢复性司法，这并不是学术上的“崇洋媚外”。

刑事和解既然属于恢复性司法的内容，那么它必须遵从恢复性司法的一般特性，恢复性司法所关注的主体不仅有被害人、犯罪人，还有特别注重社区的恢复以及社区的作用。而观察我国刑事和解程序的实践情况，我们可以发现和解程序完全忽略了社区这一主体。犯罪不仅仅是侵害了被害人的权益，同时也对所在社区造成了一定的损害。只有当重视犯罪下社区损害的恢复，才能有效地发挥和解程序的教育作用和一般预防作用。福柯曾说“监狱的存在价值可能恰恰在于其失败性。正是由于监狱创造了一个稳定的犯罪群体，才为国家的法庭、监狱制度的存在提供理由”。从这一句话中我们可以得知监狱矫正的失败。监狱矫正的失败，让人们日渐认识到了社区矫正的可行性与必要性。和解程序对于社区作用的忽略，无疑是将社区矫正这一预防与矫正犯罪新道路给抛弃了。

3. 附带民事诉讼与刑事和解的趋同影响

我国现行附带民事诉讼制度的正式确立始于1979年颁布的《刑事诉讼法》，该法对附带民事诉讼作出了明确规定。1996年修正的《刑事诉讼法》沿用了原有规定。这一制度建立以后，尽管存在着诸多问题，且在一些重大问题上，存在着很大的争议，使其在立法上难以作出抉择；1996年《刑事诉讼法》保持了附带民事诉讼的基本属性。刑事附带民事诉讼制度的立法意义是：将两项诉讼程序合并为一次程序，从而节约了案件的审理时间、人力、方便当事人进行诉讼；免除了讼累。附带民事诉讼从本质上而言其实属于民事诉讼的范围，刑事和解程序中也包含了民事诉讼的内容，刑事和解程序在一定程度上也解决了民事赔偿问题，刑事和解与附带民事诉讼两者之间有很多趋同之处，主要表现在以下几个方面。

（1）刑事和解是附带民事诉讼的一个替代措施

在司法实践中，刑事和解与附带民事诉讼两者的价值取向上以及目的上基本是相同的，以我国刑事和解“加害人－被害人自行和解模式”为例，这一模式的主要特征是“协商内容、协商内容都以赔偿损失与放弃追究刑事责任为中心”。[①] 由此可见，刑事和解同附带民事诉讼程序相同，都是用以解决因犯罪对被害人产生的损害赔偿问题。刑事和解的出现在很大程度上是对因附带民事诉讼在实践上所暴露的诸多问题的解决与回应。我国附带民事诉讼主要有以下几大问题：第一，被害人赔偿请求难以实现；第二，在我国附带民事诉讼被害人有关精神损害的赔偿请求是不予考虑的；第三，物质损害赔偿的执行难度大，有限的物质赔偿难以实现，仅是“空头支票”。

我国《刑事诉讼法》第288条规定：犯罪嫌疑人、被告人真诚悔罪，通过向被害人赔礼道歉等方式获得被害人谅解，被害人自愿和解的，双方当事人可以和解。刑事和解的成功与否是以被害人自愿谅解为前提，这也就在一定程度上说明刑事和解程序是必然包括对被害人的精神损害赔偿的，若不包含对被害人的精神损害赔偿与抚慰，那么要得到被害人的自愿谅解这基本上是不可能的。紧接着的第290条规定了对于已经达成刑事和解的案件犯罪嫌疑人、被告人的好处在于——对于犯罪情节轻微的，人民检察院可以作出不起诉的决定；人民法院可以依法对被告人从宽处罚。刑事和解程序这种先解决落实赔偿问题，后以此落实情况为基础，对被告人从宽处理的情形，在很大程度上解决了附带民事诉讼中出现的执行难的问题，相较于附带民事诉讼，刑事和解程序能最大程度地落实对被害主体一方的个人损害赔偿。但是不难发现，不论是在司法实践上、理论上还是立法规范上，都没有将刑事和解与附带民事诉讼的目的作用进行区别，即将刑事和解程序等同于或是用以补充刑事附带民事诉讼程序，并没有突出刑事和解程序本应有的作用与魅力。[②]

刑事和解程序与附带民事诉讼程序有诸多的相同之处，特别是在附带民事诉讼调解与刑事和解程序上，实践中的相同化，使得二者在一定条件下可以转化。《高法解释》第595条规定，如果受害人首先提出附带民事诉讼，但是在法庭的主持下，双方就赔偿问题达成协议；被告人本人亦有诚恳的忏悔，并对被害人表示歉意，已获得被害人的谅解，并能立即履行其全部责

---

① 马静华，苏镜祥，肖仕卫，黎莎：《刑事和解理论基础与中国模式》，中国政法大学出版社2011年版，第46页。

② 李莉：《刑事和解与刑事附带民事诉讼制度比较研究》，中国政法大学2014年硕士学位论文。

任，此时，附带民事调解已经转变成了刑事和解。[1] 附带民事调解书和刑事和解协议书，在量刑上的作用是不同的，调解书只能作为一个酌定的情节来处理，而和解协议则是一种法定的从轻情节。在大多数情况下，由于利益的关系，被告人都会采取刑事和解的方式。在这样的情况下，刑事和解程序与附带民事程序是否具有共存的价值，是一个令人迷惑的问题。

（2）量刑程序设计上的趋同

附带民事诉讼与刑事和解是法院量刑予以从宽的考虑事项。我国刑事诉讼法中并没有关于附带民事诉讼的定罪处罚，但由于各种原因，尤其是附带民事诉讼的实施，我国《高法解释》第194条规定："刑事附带民事诉讼案件，人民法院应当根据被告人的经济损失，根据被告人的实际情况，确定其悔罪行为，并在量刑时予以考虑。"我国刑事诉讼法中对刑事和解的定罪处罚作出了明确的规定。人民检察院可以向人民法院提出减轻刑事责任的建议；对情节较轻，无需判刑的，可以不予起诉。人民法院有权对犯罪嫌疑人予以从轻处罚。虽然刑事和解与附带民事诉讼在量刑从宽的程度上有所出入，但是，两个制度都是凭借在量刑程序上的从宽处理的设计，以此来达到自身程序所要完成的目标，刑事和解的量刑上从宽的幅度更大，但是，不论是附带民事诉讼还是刑事和解都体现了刑事诉讼中民事化处理，并且这种处理都在一定程度上得到法院的支持和鼓励。

4. 保障性制度的缺失与不足

（1）未建立随时追缴制度

我国刑法规定了罚金的随时追缴制度，《刑法》第53条规定，罚金在判决指定的期限内一次或者分期缴纳。期满不缴纳的，强制缴纳。对于不能全部缴纳罚金的，人民法院在任何时候发现被执行人有可以执行的财产，应当随时追缴。如果由于遭遇不能抗拒的灾祸缴纳确实有困难的，可以酌情减少或者免除。在我国的附带民事诉讼中为了解决执行这一大难题，可以仿照我国《刑法》中关于罚金刑的执行，建立随时追缴制度。[2] 当法院作出的附

---

① 李红彬：《刑事和解入法后的现状与应对——以Y市中院和10个基层法院审理的92件一审判决书为样本的实证分析》，载《法律适用》2014年第4期。

② 谢丽珍，刘宏武：《附带民事诉讼制度的进一步完善》，载《法学杂志》2013年第7期。

带民事诉讼判决书生效之后，民事诉讼被告人具有履行能力而不履行的，法院可以对其财产进行估量后，作出立即强制追缴的决定；如果被告人当时没有履行能力，法院可以作出随时追缴的决定。一方面，随时追缴制度的建立在一定程度上可以缓解附带民事诉讼执行难这一大难题；另一方面对于防止法官毫无准则地依据被告人各自的实际情况作出相应的不利于民事原告人附带民事诉讼判决起到遏制的作用。

（2）“调解”作用的发挥面临问题

不论是附带民事诉讼程序还是刑事和解制度“调解”在这两者之中都发挥了积极的作用。现代民事纠纷的解决形式有以下四种：诉讼、仲裁、调解、和解。和解就相当于民间的私了，是指双方通过对话进行协商，达成谅解或妥协。调解是指由中立的第三方居中调停、斡旋，促使双方进行协商，达成谅解或妥协的纠纷解决方式。我国《刑事诉讼法》第 103 条规定，人民法院审理附带民事案件，可以进行调解，或者根据物质损失情况作出判决、裁定。对于民事部分可以进行调解的规定，一方面有利于尊重和保障当事人的程序选择权，另一方面和解的介入也很好地平衡了个人私权力与国家公权力这一矛盾关系。但是，对于附带民事部分进行调解所发挥的作用依然面临问题。在附带民事诉讼的调解解决过程中，调节双方主体不可能达到完全实力均等，常常会出现双方主体的实力不均，强弱有别。这种实力上的差距，不可避免地会使弱势一方主体无力实现自己提出的调解方案，可能还会造成弱势一方主体被迫承担莫名其妙的妥协。为了打破这种不太公平的僵局，促进调解的效率，作为第三方中立调解人可能会在“各打五十大板”后，将其自认为正确的方案强行推出，把自身意志强行加于双方当事人。这种带有强制性色彩的调解违背了调解的规律，是对调解双方主体私权利的一种侵害。按照对民事纠纷解决形式的解释，我国刑事诉讼中所规定的和解程序，并不是纯粹意义上的和解，刑事和解程序中包含了一定程度调解程序因素。在上文对刑事和解的缺陷分析中就已经提到了和解程序中司法人员对于居中的调解人这一角色的怠慢。居中调解人在该程序中过于消极的态度，是不利于和解协议的有序达成。实践中被害人的“漫天要价”以及被告人的“花钱买刑”这些现象，都是可以通过居中调节人发挥其积极的作用而对以上两种现象予以遏制。附带民事诉讼中调解的介入过强以及刑事和解中重私了而轻居中调解，这两种方式都是不正确的，两个制度在调解方面要互相学习，一定要掌握好调解的力度。刑事和解应当介入一定程度的调解因素，而附带民事诉讼应当适当减小调解的力度。

第三节　认罪认罚从宽与刑事和解制度衔接与协调的程序构造

一、适用范围区分

我国认罪认罚从宽与刑事和解制度存在适用范围重叠的问题。受强职权主义影响，以及对当事人主义的借鉴，刑事和解制度设立的适用范围虽然体现出国家职权对于当事人的适当让渡，但是适用范围设置过于含糊，并没有实现应有的程序以及实体效果。针对制度衔接与协调过程中适用范围的区分，应从刑事诉讼立法层面，对刑事和解制度的适用范围进行重新划分，根据制度所具有的不同功效进行区分。一方面，在程序意义上，和解程序可以作为替代性刑罚处罚的特殊程序。对于被追诉人与被害人达成和解，同时又与检察机关协商一致的，检察机关完全可以作出不起诉决定，带来程序终结，免除被追诉人的刑法责任的效果。另一方面，就和解作为量刑情节而言，不应对其适用范围作出限制。因为，只要是被追诉人与被害人达成刑事和解协议，并经法院审查协议有效，那就显示了被追诉人相对较好的主观悔罪态度和弥补被害人损害的责任感，就应当作为对其从宽量刑的理由。① 考虑到认罪认罚从宽制度在我国尚处于制度实施发展阶段，司法实践尚处于摸索阶段，为了坚持刑法以及刑事诉讼法相关原则，维护司法公正，有效地理顺制度之间的关系，笔者建议在接下来的刑事诉讼法的修改中，将刑事和解制度适用范围扩展到所有具有被害人的刑事案件中，以体现和解作为量刑情节的考量。同时要体现出制度衔接与协调后作为替代性刑罚处罚的程序分流作用，发挥提高诉讼效率的优势。对于可能判处一年有期徒刑以下刑罚，双方当事人和解后，被追诉人与检察机关协商一致的，检察机关可以作出不起诉决定。

---

① 陈卫东，汪建成，宋英辉：《专家访谈：刑事和解的理论探讨》，载《中国检察官》2009 年第 1 期。

二、完善认罪认罚与刑事和解的量刑标准

“从宽”是认罪认罚从宽制度的核心本质①，也就是说，被追求者在实质上得到宽大处理是其终极归宿。因此，定罪是刑事定罪从轻处罚的关键环节。同时，在与犯罪调解相结合的情况下，还应对被追诉人在终极主体上的处罚问题进行研究。《2017 年度最高人民法院量刑指南》（以下简称《量刑指导意见》）对量刑方法、常见量刑情节的运用、量刑标准等进行了改进，对促进我国法院量刑规范化建设起到了积极作用，但在引导认罪认罚从宽制度量刑方面还存在差距。《量刑指导意见》规定了自首、坦白、当庭认罪等一般情节的适用范围，其中包括被追诉人主动认罪，但不包括主动认罪。为此，应当对我国现行的量刑指南进一步修改，以使其更好地发挥作用。首先，在普通量刑中加入自首情节，将自首作为单独的情节，并对量刑的优待和幅度作出规定；在定罪过程中，可以按照被告人认罪态度等因素，在定罪过程中，可以享受 30% 至 50% 的减刑幅度。其次，在犯罪与自首相结合的前提下，进一步完善刑罚的范围、刑罚的尺度。即犯罪嫌疑人、被告人认罪认罚后，与被害人达成和解的，可以根据认罪认罚的情节给予适当的减刑，并将其与特定的犯罪和解情况相联系，对其进行适当的处罚。

三、完善法律援助制度

首先，要加强对法律援助的资金投入，以调动法援律师的积极性。在目前的法律体系中，对于被追诉人提供的法律援助是非常有意义的。律师值班是律师在法院或看守所值班，为有困难的被追诉人免费提供司法救助的一种法律援助。但是，由于目前的法律援助资金太少，律师每天要到看守所和法院值班，一天 100 元补贴，律师要提供一切必要的法律服务，这就造成了很大的不平衡，很多律师都是被司法局和法律援助机构强制要求参与。而且，很多有经验、有能力的律师都不会自己值班，都会让新来的助理或者实习律师来值班，这就造成了法律援助的质量不高。因此，应当增加法律援助资金的投入，增加法援律师的服务费用，以促进其积极参与；要吸引更多优秀的

---

① 左卫民：《认罪认罚何以从宽：误区与正解——反思效率优先的改革主张》，载《法学研究》2017 年第 3 期。

律师参与到法律援助工作中来。其次，为扩大我国的法律援助队伍，必须健全公务员制度。2017 年《关于开展法律援助值班律师工作的意见》明确提出，在法律援助机构的安排下，除社会律师外，还应为其提供专职律师。① 但是，当前我国的法律援助工作仍以社会律师为主，由于我国的法律援助人员数量十分有限，无法胜任现有的工作。在实际工作中，也要有律师参与信访、社区值班、乡镇寻访等公益活动，这些都是由社会律师来做，这对律师的压力很大。为此，应当健全公务员制度，设立专职公务员，扩大公务员队伍；通过扩大公共律师的数量，实现法律援助的分担，减少社会律师的工作负担，提高法律服务的质量。最后，要加强对刑事和解案件中的法律援助律师的参与。律师是经过正规职业训练的，对法律的认识、沟通能力、沟通能力都是推动刑事和解的重要因素。

四、保障被害人权利及建立刑事和解制度中被害人赔偿机制

在认罪认罚从宽与刑事和解制度衔接适用过程中，存在着被害人地位冲突问题的主要表现，就是在认罪认罚从宽制度适用普通程序或者简易程序的过程中，被害人的意见被虚化甚至被回避。而在刑事和解制度中，被害人的意见却是和解协议能否达成、被追诉人能否获得被害人谅解的关键，这关系到刑事和解程序的适用与否。不难看出，被害人地位冲突的实质即在认罪认罚适用普通程序与简易程序过程中对被害人意见的虚化，同刑事和解制度中对于被害人意见一刀切式地过度重视之间存在的冲突。因而，要解决被害人地位冲突的问题，就要形成两种制度中对被害人意见的合理衔接机制。在认罪认罚制度适用普通程序及简易程序的过程中，应规定具体的被害人对于定罪量刑意见表达与采纳的机制，对于被害人合理的意见及时听取并给予采纳与否的反馈，若不采纳应出具相应的不采纳意见书，从而加强被害人意见的实质化处理。在刑事和解制度中，应规定被害人对于物质赔偿与精神抚慰需求的合理化区间，对被害人一方表达赔偿等诉求给予一个合理的参考，对于明显不符合实际情况的意见建立沟通机制，而不能因被害人不合理意见不能满足而不能适用刑事和解制度。

---

① 《关于开展法律援助值班律师工作的意见》第 6 条规定：社会律师和法律援助机构律师应当接受法律援助机构的安排提供值班律师服务。

现阶段可能囿于刑事和解制度适用的范围十分有限，立法对刑事和解制度中犯罪嫌疑人、被告人对于被害人的赔偿内容、居间协调人的来源等缺乏清晰明确的规定。从赔偿内容来看，目前在实践过程中，更多的赔偿采用的是金钱和物质赔偿的方式。虽然刑事和解制度内含了要求犯罪嫌疑人、被告人自愿认罪悔罪，但并非用金钱和物质的赔偿方式就能体现认罪、悔罪的态度以及对被害人情感的抚慰。因此，对被害人的赔偿既应重视物质层面，也应重视精神层面。物质层面而言，应兼顾被害人现时和长远的损失。精神层面而言，应设置专门的倾诉方式，如信件、居间协调人传达等，使加害人充分倾听被害人的倾诉，真诚地悔罪并赔礼道歉。从居间协调人的来源而言，目前我国刑事和解制度中，起到居间协调作用的主要是检察机关，这也获得了部分学者的支持。① 检察机关本身在刑事诉讼过程中担任控方身份，再进行居间协调很难让犯罪嫌疑人、被告人和被害人对其充分信任。同时，检察机关本身目前就面临案多人少的矛盾，如果对其再明确定位是刑事和解的居间协调方，则会更加拖慢刑事诉讼的进程。设置专门的中立协调机构则会好得多，不仅不会影响诉讼效率，同时也更利于获取双方当事人的信任。从赔偿时间而言，笔者倾向于支持目前普遍适用的即时履行的方式。2019 年 12 月的《高检规则》对于履行的时间要求也是“立即履行”，最迟在检察院作出从宽处理决定前履行，不能即时履行的应提供相应的担保。这是出于节约司法资源角度的考量，倘若放宽犯罪嫌疑人、被告人的履行时间，案件已向前推进，检察院已提出从宽处理的意见并被法院采纳甚至宣判完毕，犯罪嫌疑人、被告人拒绝履行和解协议，造成的司法资源损失则会大得多。若犯人已服刑完毕，出狱后仍拒绝履行，索赔的过程无疑是再一次对被害人的伤害。因而，《高检规则》的即刻履行的时间限制是科学合理的。但我们仍可对其进行优化，对于确实有认罪悔罪、主动赔偿被害人意愿的犯罪嫌疑人、被告人，可建立国家先行代为赔偿机制，再由国家对犯罪嫌疑人、被告人进行追偿。因刑事和解针对更多的是关押时间不长，甚至非监禁刑的犯人，所以出现国家无法对加害人进行追偿的可能性很低。这一机制既可以使被害人获得即时的赔偿，也可以使暂时并不具备赔偿能力的加害人在有认罪悔罪和赔偿意愿的情况下，尽早地获得被害人一方的谅解，同时尽快地恢复正常社会秩序。

① 龚佳禾：《刑事和解制度研究》，中国检察出版社 2007 年版，第 133 页。

第四章　被害人权利保障

第一节　认罪认罚从宽制度中的被害人权利保障

一、被害人权利保障的立法缺失

从“两高三部”的《试点办法》，到2018年新修订的《刑事诉讼法》，再到“两高三部”联合发布的《指导意见》，都有一定的篇幅涉及各诉讼主体的权利，包括犯罪嫌疑人和被害人。《指导意见》第四部分主要规定了如何保障刑事被告人和犯罪嫌疑人的辩护权，例如值班律师派驻、法律帮助、法律帮助衔接、值班律师职责、辩护人职责、拒绝法律帮助处理等事项；并且在起诉、侦查、审判等诸多流程中对刑事被告人和犯罪嫌疑人权利受到侵害的救济或诉讼权利进行了规定；在结尾部分对刑事被告人和犯罪嫌疑人认罪认罚的撤回和反悔也进行了规定。《指导意见》针对刑事被告人和犯罪嫌疑人的权利保障是较为详尽的，但是在这些规定中，对比保护刑事被告人和犯罪嫌疑人的权利来说，保护被害人权利的规定却少之又少。

第一，在《试点办法》中，保护被加害人权益的规定屈指可数，分别为第3条、第7条与第17条，其中第3条规定了办理认罪认罚案件的原则，同时，将保护刑事被告人、犯罪嫌疑人、被害人的权利进行并列规定，这实则是一种较为模糊的规定，缺乏较强的操作性。尽管第7条中表示公安机关、检察院、法院需要听取被害人与代理人的建议，明确要将刑事被告人或犯罪嫌疑人案件被害人达成协议、赔偿损失、获得谅解当作量刑的主要考量要素，但并没有对听取意见的模式、如何听取、赔偿标准和侵害权利后的保障措施进行细化规定。

第二，在《刑事诉讼法》中，关于在认罪认罚从宽体系中保护被害人权益的做法普遍采纳了《试点办法》中的有关规定，并增设了第173条和第223条保护被害人的获得赔偿权和听取意见权。在第173条里，关于审查起诉程序要求检察机关在认罪认罚案件办理环节中，需要听取代理人和被害人相关事项的意见，对比《试点办法》的规定更加细化了；第223条学习了《试点办法》第17条的规定，和该核心内容保持一致。但需要关注的是全新修订后的《刑事诉讼法》并没有采纳第7条中将获得被害人谅解当作量刑的重要因素，不可避免地降低了被害人在认罪认罚案件中的地位与影响力。

第三，虽然《指导意见》的第五部分规定了对被害方的权利保障，对比《试点办法》中较为零散的规定来说有一定的系统性，但其规定若被害人不同意对刑事被告人或犯罪嫌疑人适用认罪认罚从宽制度的，不影响适用该制度，客观层面上来说，也弱化了被害人在诉讼过程中的影响力。

二、被害人缺乏有效的程序救济

在认罪认罚从宽制度之中，被害人作为存在直接利害关系的主体，应当参与到该制度的运行环节之中。而在参与该制度的过程中，不仅要给予被害人各种权利，还需要对其提供有关的救济渠道。没有救济就没有权利，倘若缺乏救济途径，那么该权利并非真正的权利，很难对被害人的合法权益予以实际保障。

在被害人的程序救济中，应当涵盖程序与实体的双重救济，不管是什么救济，均需要获得可靠的保障。在实体救济中，对被害人的救济重点呈现为在物质层面的赔偿。在认罪认罚从宽案件中，赔偿损失、退赃赔赃，获得被害人谅解等要素为从宽处理的重要考量要素。尽管被害人的赔偿能力有限，但被告人为获得从宽处理，一般会对被害人进行积极赔偿。当被告人存在经济困难，不能对被害人在物质层面进行赔偿或不能完全赔偿时，被害人还可提起刑事附带民事诉讼请求以获得相应的物质赔偿。虽然在司法实践层面，刑事被告人没有赔偿被害人并不会对该制度的适用产生影响，判决的执行效果可能也不如人意，但此两种方式均呈现出认罪认罚从宽制度对被害人实体权利方面的救济。

被害人在参与认罪认罚程序环节中有一个重大的问题，也就是被害人在有异议时没有相应的救济程序。在诉讼过程中，出于相似的立场以及利益，被害人会将控诉权让渡给国家，赋予国家追诉犯罪行为、惩罚犯罪者的权力，而这一权力通常由检察院行使，法院行使审判的权力。但在追诉犯罪行为过程中，被害人和检察院的诉讼利益并非完全相同，检察院的利益无法直接取代被害人的利益。检察院和法院追求公正与效率，而被害人一般希望严惩犯罪分子并获得应得的赔偿，其诉讼利益具有明显的个体性，由此会形成司法机关和被害人存在不同意见的情况。在办理认罪认罚从宽案件的时候，很有可能会形成司法机关适用认罪认罚从宽制度，但被害人却认为刑事被告人、嫌疑人并非自愿认罪认罚，反对适用认罪认罚从宽制度的情形，极力阻挠司法机关办案进程。又或者在某一阶段中，被害人提出异议，认为某行为未经法定程序会侵害其权益。虽然《指导意见》已经规定被害人意见应被司法机关听取，相关异议也应被处理，但并没有规定司法机关不采纳异议时，被害人可以采取何种及如何采取救济措施以保障自己的合法权益。空有权利而无程序救济，被害人的权利难以真正行使并得到保障。

三、与刑事和解制度的逻辑不相容

认罪认罚从宽制度与刑事和解制度作为刑事诉讼的重要内容，二者应当保持一致的运行逻辑，否则将极大地影响诉讼内里程序与制度的逻辑统一性。遗憾的是，二者在被害人的权利保护上不能达致逻辑上的一致性。① 在刑事和解程序中，刑事被告人、犯罪嫌疑人、被害人都是该制度的主体，且被害人在该程序中的话语权较大，甚至可凭自己一人意愿主导和解程序的适用。如果案件被害人与犯罪嫌疑人不能达成和解协议，犯罪嫌疑人便无法得到司法机关基于刑事和解而对其适用的从宽处理，极大地保障了被害人的合法权益，有效地帮助被害人争取到尽可能多的赔偿，包括物质赔偿，乃至附带民事诉讼不能覆盖的精神损害赔偿。相比之下，被害人在认罪认罚从宽制度中的地位则弱势很多，因为该制度主要是围绕司法机关与犯罪嫌疑人、刑事被告人之间设计的，公、检、法机关与犯罪嫌疑人、刑事被告人是主要制

---

① 刘少军：《认罪认罚从宽制度中的被害人权利保护研究》，载《中国刑事法杂志》2017 年第 3 期。

度主体，而案件被害人仅是被动的旁观者。虽然法律规范明确规定司法机关应当将犯罪嫌疑人或刑事被告人积极赔偿并取得案件被害人谅解、与案件被害人达成和解协议，作为该犯罪嫌疑人、刑事被告人得以从宽的考虑因素，但相比之下，刑事和解制度对被害人的合法权益保护力度则大得多。因为在适用认罪认罚从宽的刑事案件中，犯罪嫌疑人或刑事被告人自愿认罪认罚是适用该制度的先决条件，但犯罪嫌疑人或刑事被告人是否赔偿被害人损失，是否与被害人达成和解协议，这两项因素并不会最终影响认罪认罚从宽制度的适用。

从两种制度的适用范围与适用条件比较来看，认罪认罚从宽制度的案件适用范围更广、适用条件要求更低，犯罪嫌疑人或刑事被告人更容易获得从宽处理，而正是认罪认罚从宽制度的这种特性，使得其与刑事和解制度在程序适用上极其容易出现混乱，甚至存在架空刑事和解制度的可能。在被害人角色地位的比较上，被害人主导着刑事和解程序的进行，使被害人的权益得到充分保障成为可能。但当一起刑事案件对两种制度的适用条件均符合时，犯罪嫌疑人、刑事被告人极有可能会采取对自身利益更为有利的诉讼措施——比较适用两种制度的不同后果，综合考虑两种制度所给予的最大从宽幅度以及两种制度的适用难易程度。而认罪认罚从宽制度的从宽幅度与适用难易程度明显优于刑事和解制度，会导致架空刑事和解制度，降低刑事和解制度的适用率，最后的结果就是被害人的权利得不到充分的保障。值得关注的是，如果同时适用两种制度，则会出现另一种混乱——量刑评价混乱。也就是说，如果犯罪嫌疑人、刑事被告人认罪，且与被害人达成刑事和解协议，应当如何进行量刑？是进行综合评价还是叠加评价？在对量刑进行从宽处理时的限度又在哪里？而这些问题，目前都没有法律法规的明确规定。

第二节　刑事和解中的被害人权利保障

一、忽略被害人心理与精神上的需求

在现行的刑事和解程序过程中，绝大部分司法人员都过于关注和解协议达成这一结果，而对于和解协议达成过程则重视度不高。过于关注结果，则会造成刑事和解方式走向单一化，可以说是对结果的重视将刑事和解程序推向到一个过分注重经济损害赔偿的制高点，过分纠缠于经济赔偿数额的确定，必然会忽略了被害人心理与精神上的需求，这种对被害人心理与精神上需求的忽略，是在“被害人的重新发现运动”下，对被害人主体地位的忽视。和解程序与普通程序的区别就在于和解有利于化解双方当事人之间的紧张关系，通过逐步的接触、合作以及沟通使被害人心理与精神上得到释放与恢复，从而达成互惠的和解协议。如果过于功利化地追求结果，在和解协议达成的过程中只注重经济赔偿额，那么刑事和解制度设立的初衷将会被“花钱买刑、用钱减刑”扭曲。与经济赔偿额确定相比，被害人心理与精神上的需求更应该得到普遍的重视。

二、未建立被害人国家补偿制度

在现实中，目前被害人获得经济补偿或赔偿的途径主要是加害人的经济赔偿，而我国并没有建立被害人国家补偿制度，不论是刑事和解制度还是附带民事诉讼程序必须与国家补偿制度相结合。尽管，西方各国司法情况不同，但是在对待刑事损害赔偿上都设立了国家补偿制度。如英国在 1964 年建立国家补偿制度，1988 年刑事审判法规定，得到刑事补偿委员会的补偿是刑事被害人的一项法定权利。美国在 1982 年《被害人及证人保护法》中规定了国家补偿制度。

犯罪对于国家、社会而言是一种常态，不论社会提升至哪一个阶段，犯罪现象是不可能销声匿迹的。然而，对于个体被害人而言，犯罪从始至终都是一种变态的社会现象。国家责任论要求国家有义务、有责任保护纳税人的人身、财产安全，维护社会安定和谐、保障社会秩序。公民遭受犯罪的侵

害，这说明国家并未肩负起保障公民权益和预防打击犯罪的责任，这是建立被害人国家补偿制度的理论基础。我们可以发现在很大一部分的犯罪中，被判处赔偿的被告人根本就没有赔偿的经济能力，这样就会使得这一部分被害人因得不到赔偿而寻求私力救助或认为司法不公，严重危害司法的权威，这是我国应当建立被害人赔偿制度的实践基础。建立被害人国家赔偿制度一方面体现了我国对保障人权的贯彻与落实，另一方面对被害人权益的救助与保护。

第三节　刑事附带民事诉讼中的被害人权利保障

一、对被害人权利保障的疏忽

刑事被害人作为被指控犯罪行为的受害者，在刑事程序中其权利保障如何，直接关系到刑事司法的公正性和维护社会秩序稳定的诉讼目的的实现。随着21世纪中叶刑事被害人学的兴起和被害人要求刑事程序保护的呼声高涨，被害人在各国刑事程序中的地位日益受到重视。[①] 在刑事诉讼中被害人提出民事赔偿问题，这理应是实现被害人保障的途径之一。在刑事程序中解决好被害人提出的附带民事诉讼，不仅可以维护被害人的利益，而且在部分案件中，可以起到恢复、平息缓和被告人与被害人双方当事人之间剑拔弩张的对立、对抗关系，有利于维护社会秩序的稳定。因此刑事程序中对被害人附带民事请求权的实现应予充分保障。由于刑事诉讼庭审法官对于民事诉讼庭审业务熟悉程度的有限性，使得刑事诉讼庭审法官都在不同程度上存在着重刑轻民的意识，法官偏重于刑事审判打击犯罪而轻视附带民事诉讼。刑事法官在审理刑事附带民事案件过程中，工作重点往往会集中在刑事诉讼部分，而忽视了附带民事诉讼部分。对于民事责任部分的疏忽，其实表明了法官对于公共利益、社会秩序的重视，而对被害人权利的保障方面却有诸多不足。

---

① 宋英辉：《刑事程序中被害人权利保障问题研究》，载《政法论坛》1993年第5期。

在中国有一个传统的理念“处罚不赔，赔不处罚”，由于这种过于形而上学机械式的传统理念阻碍，使得在犯罪中难以将刑事责任与民事责任交融、衔接。从现有的法律规定来看，附带民事诉讼案件的刑事部分仅限定为被害人人身权利受到犯罪侵害或者财产被犯罪分子毁坏而遭受的物质损失。对于附带民事诉讼赔偿范围的限制，是对被害人民事权利保障的一种限缩。从理论上来看，只要是犯罪行为侵害了被害人的民事权利，不论是造成物质上的损失还是精神上的损害，不论是因人身权还是财产权遭到侵害而受到的损失，都应当列入损害赔偿范围内。① 因为附带民事诉讼在精神损害赔偿处理上，与普通民事诉讼存在一定的差异，可能造成法律对于较轻的民事精神损害给予赔偿，而对较重的刑事精神损害不予赔偿，这种情况不仅是对被害人权利保障的疏忽，同时也违背了法律的公平原则。

国家利益、公共利益重于个人利益，这是一个信条。但是，这一信条的存在前提是个人利益与国家利益、公共利益发生了冲突。然而，在刑事附带民事诉讼的案件中，我们不能让个人民事利益作出过大的牺牲，完全让渡于以追求国家利益、社会安定为主要目的的打击刑事犯罪。因为在这种情况下，国家利益与个人利益两者之间并没有发生冲突，两者是可以和平共存的。在没有完全建立刑事被害人国家补偿制度的情况下，我们过度地压缩、束缚个人民事权利，是对被害人权利的一种侵害，必然会造成不公正的现象。

二、损害赔偿范围受限，精神损害赔偿未得到重视

附带民事诉讼解决的是刑事犯罪造成的个人利益的侵害，关于损害赔偿范围的研究成为附带民事诉讼的重点，然而，如何准确界定附带民事诉讼的赔偿范围，理论界和实务界一直存在争议。《刑事诉讼法》将附带民事诉讼的陪偿范围仅限定为被害人由于被告人的犯罪行为而遭受的物质损失。从我国刑事诉讼法以及刑法②的立法中，我们可以看出附带民事诉讼的赔偿范围

① 谌鸿伟，贾伟杰：《我国刑事附带民事诉讼制度的设计缺陷及重构》，载《法学评论》2006 年第 2 期。

② 《刑法》第 36 条规定：由于犯罪行为而使被害人遭受经济损失的，对犯罪分子除依法给予刑事处罚外，并应根据情况判处赔偿经济损失。

仅限制于"物质损失"或是"经济损失"，从司法实践中，我们可以了解附带民事诉讼赔偿范围"物质损失"或是"经济损失"是有限的，仅限于已经遭受的直接的、必然的实际损失，而预期损失以及间接的损失并不在这个赔偿范围内。

在损害赔偿方面，刑事法律规定与民事法律规定存在竞合关系，根据《高法解释》第 175 条第 2 款的规定①，我国刑事诉讼中的损害赔偿方式并不包括精神损害赔偿，这是我国一贯的做法，对于精神损害赔偿，一直是附带民事诉讼制度中最为关注以及争议颇大的问题。2012 年《刑事诉讼法》新增以调解方式结案②，其实是对实践中日益高涨的将精神损害赔偿入刑事诉讼法的呼声的回应。在以调解方式结案的情形下，法律并不反对犯罪嫌疑人、被告人自愿进行精神损害赔偿以取得被害方的谅解，也不禁止法院将这种情形作为量刑的考量因素。也就是说，附带民事诉讼案件的调解为精神损害赔偿的适用打开了一个窗口。

2010 年起实施的《侵权责任法》，即现行《民法典》第 1183 条，赋予了被侵权人向侵权人请求精神损害赔偿的权利。③ 虽然说附带民事诉讼具有附带性，但是这种附带性并不能否认该程序的民事诉讼性质，附带民事诉讼理应还有其自身的独立性。附带民事诉讼的独立性，要求其承认精神损害赔偿，以调解为由打开精神损害赔偿这一口子，明显范围太小。

三、先予执行制度的立法阙如

附带民事诉讼的先予执行，是指人民法院受理附带民事诉讼之后，作出判决前，根据民事原告人的请求决定民事被告人先付给民事原告人一定款项

---

① 《最高人民法院关于适用〈中华人民共和国刑事诉讼法〉的解释》第 175 条第 2 款规定，因受到犯罪侵犯，提起附带民事诉讼或者单独提起民事诉讼要求赔偿精神损失的，人民法院不予受理。

② 《刑事诉讼法》第 103 条规定，人民法院审理附带民事诉讼案件，可以进行调解，或者根据物质损失情况作出判决、裁定。

③ 《民法典》第 1183 条规定，侵害自然人人身权益造成严重精神损害的，被侵权人有权请求精神损害赔偿。

或特定物并立即执行的措施。① 从附带民事诉讼设立至今，《刑事诉讼法》已经被修改数次，但都没有对这一制度的先予执行进行规定。然而，最高人民法院曾在2000年颁布的《关于审理刑事附带民事诉讼案件有关问题的批复》中提到了附带民事诉讼的先予执行。② 由此可知，最高人民法院对附带民事诉讼中的先予执行持肯定态度，即使该文件已于2015年废除。作为一项重要的制度，笔者认为《刑事诉讼法》应当在附带民事诉讼相关章节明确规定先予执行。根据现行《民事诉讼法》的相关规定，先予执行的适用对象往往处于极度艰难的境地，可能因缺钱而无法生活、生产、治疗。而在刑事案件中，案件的被害人完全有可能因刑事被告人或犯罪嫌疑人的犯罪行为而陷入生活、生产等严重困难的境地。例如，在故意伤害罪案件中，如果作案人不同意赔付，法院又不同意先予执行医疗费，案件的被害人极有可能因得不到及时的救治而死亡；又如在故意杀人罪或过失致人死亡罪案件中，若被害人家庭困难，不先予执行丧葬费可能会导致被害人得不到及时的安葬。当然，先予执行制度的规定要考虑到刑事案件与民事案件的不同之处，既要看到案件被害人的迫切需要，又要兼顾犯罪嫌疑人、刑事被告人的现实履行能力，应当明确规定必须具备法定的条件才能适用先予执行，同时体现刑事附带民事诉讼的特殊性。

第四节　被害人权利保障的完善之策

一、扩大附带民事诉讼案件的赔偿范围

我国现行刑事诉讼法及相关司法解释将附带民事诉讼的赔偿范围限定在因犯罪行为给被害人造成的实际的和必然遭受的物质损失。最高人民法院的

---

① 陈光中：《刑事诉讼法》，北京大学出版社、高等教育出版社2012年版，第236页。

② 《最高人民法院关于审理刑事附带民事诉讼案件有关问题的批复》明确规定："根据《最高人民法院关于执行〈中华人民共和国刑事诉讼法〉若干问题的解释》第100条的规定，对于附带民事诉讼当事人提出先予执行申请的，人民法院应当依照民事诉讼法的有关规定，裁定先予执行或者驳回申请。"

司法解释明确将精神损害赔偿排斥于附带民事诉讼的赔偿范围之外。根据2004年《最高人民法院关于审理人身损害赔偿案件适用法律若干问题的解释》第9条规定，将残疾赔偿金和死亡赔偿金规定为精神损害抚慰方式，我国附带民事诉讼赔偿范围进一步缩小。我国在附带民事诉讼程序中对赔偿范围的过大限制，一方面不利于附带民事诉讼制度的适用与发展，导致了附带民事诉讼越来越与普通民事侵权诉讼脱节，背离了民事侵权法的一般归责原则。德国刑法学者罗克辛曾说，“赔偿本质上有利于实现刑罚目的，具有重新社会化的功能”，附带民事诉讼中赔偿范围的过大限制，另一方面也不利于刑罚目的的实现、双方当事人关系的恢复。

（一）精神损害应纳入赔偿范围

精神损害赔偿制度，通说认为最早始于1961年法国“的勒迪斯昂案”判决，这一案例为后来的精神损害赔偿奠定了立法的理论依据，并相继为各国的立法所肯定。在外国的刑事附带民事诉讼立法中，将精神损害纳入附带民事诉讼赔偿范围，是世界各国的通行做法。如法国《刑事诉讼法》第3条第2款规定，民事诉讼应包括作为起诉对象的犯罪行为所造成的物质的、肉体的和精神的全部损失。英国则是采用支付令的方式责令犯罪人赔偿受害人包括人身攻击、胁迫、精神折磨的损失。我们可以通过判例说明承认被告人应当承担犯罪行为所造成精神损害，如拳击运动员泰森因强奸而付出巨额精神损害赔偿金。其实，我国对于精神损害赔偿并非绝对的否定，在附带民事诉讼的调解中，法律并不反对被告人、犯罪嫌疑人为取得被害人的谅解而进行精神损害赔偿，但这个范围还是过小。

我国法官在审理犯罪行为造成的损害时，应当考虑适当且必要的精神损害赔偿的重要性，在此类案件中被告人给付一定的精神损害赔偿是有其合理性的，有利于双方矛盾的化解。同时，确立精神损害赔偿有利于实现我国法律体系的协调统一，附带民事诉讼的依附性不能掩盖其为民事诉讼的本质，如若在附带民事诉讼中剥夺被害人获得精神损害赔偿的权利，造成法律上的冲突与矛盾，这是不利附带民事诉讼制度发展的。精神损害赔偿也有利于防止出现在一般的民事侵权行为中，受害人的精神损害赔偿请求能够得到法律的认可，而在因犯罪行为引起的更为严重的精神损害，却得不到法律的救济与保护，这样一种不公平的、不合理的现象。通过学习各国成功的司法经验以及我国司法现状，将必要且适当的精神损害赔偿纳入赔偿范围是很有必要的。

（二）残疾赔偿金和死亡赔偿金应当纳入赔偿范围

如上所述，我国附带民事诉讼除调解外对精神损害赔偿是持明确的否定态度，我国现阶段之所以将残疾赔偿金和死亡赔偿金排除在赔偿范围之外，主要是因为根据最高人民法院出台的几个司法解释，最高人民法院2001年发布实施的《关于确定民事侵权精神损害责任若干问题的解释》第9条规定，将残疾赔偿金与死亡赔偿金归为精神损害抚慰金。最高人民法院2004年发布实施的《关于审理人身损害赔偿案件适用法律若干问题的解释》第17条、第25条、第29条规定了“两金”，并且这几条解释已经将“两金”界定为财产损失，纳入了赔偿范围。但该解释的第18条又规定，赔偿权利人向人民法院请求赔偿精神损害抚慰金的，适用《最高人民法院关于确定民事侵权精神损害赔偿责任若干问题的解释》。司法解释的规定，导致了实践中“两金”适用问题的混乱。2012年《刑事诉讼法》修改后，2013年最高人民法院的司法解释也未将“两金”纳入赔偿范围。

残疾赔偿金和死亡赔偿金本质上应当属于物质损失范畴。我国2012年新修《国家赔偿法》第34条明确规定，侵犯公民生命健康权的，造成部分或者全部丧失劳动能力的，应当支付残疾赔偿金，造成死亡的，应当支付死亡赔偿金。同时，该法第35条又另行规定了，可以请求赔偿精神损害抚慰金的情形。① 所以，我国《国家赔偿法》中将残疾赔偿金和死亡赔偿金确立为物质损失。我国2021年实施的《民法典》第1179条认可了残疾赔偿金和死亡赔偿金为“物质损害赔偿”范畴，并且该法第1183条规定了遭受严重

---

① 《国家赔偿法》第35条规定，有本法第3条或者第17条规定情形之一，致人精神损害的，应当在侵权行为影响的范围内，为受害人消除影响，恢复名誉，赔礼道歉；造成严重后果的，应当支付相应的精神损害抚慰金。

精神损害的被侵权人可以请求精神损害赔偿。[1] 从上述两法，我们可以看出残疾赔偿金和死亡赔偿金已经被明确为物质损害赔偿，在我国附带民事诉讼中应当尽早确定残疾赔偿金和死亡赔偿金的物质损害赔偿属性，解决我国附带民事诉讼中残疾赔偿金和死亡赔偿金在司法实践中混乱、尴尬的境地。

二、完善刑事附带民事诉讼案件的保全制度

（一）强化财产保全规则

刑事附带民事诉讼的财产保全，是指人民法院在对受理的附带民事案件作出判决前，为了保证将来作出的判决发生法律效力后能够得到全面的履行，而对当事人的财产或争议的标的物采取的一种强制措施，以限制当事人对财产进行随意处分。[2] 我国 1996 年《刑事诉讼法》中只规定了在诉中人民法院有采取财产保全措施的权力。这也就意味着在侦查、审查起诉这一较长的过程中，犯罪嫌疑人有充足的时间去隐匿、转移自己的财产。在司法实践中确实屡屡出现犯罪嫌疑人为了逃避附带民事诉讼的判决有效执行，在侦查、审查起诉阶段就已经发生财产的藏匿与转移的现象。这也是造成附带民事诉讼判决执行难的一个原因。与 1996 年《刑事诉讼法》的规定相比较，2012 年《刑事诉讼法》在财产保全规则上的完善还表现在以下几个方面：一是丰富了保全措施，新增了冻结措施；二是增加了依申请启动保全，即附带民事诉讼原告人或者人民检察院可以申请人民法院采取保全措施；[3] 三是基于附带民事诉讼是解决由犯罪行为所引发的民事侵权责任问题，我国刑事诉讼法中体现刑事程序与民事程序的衔接，人民法院采取财产保全措施，适

---

① 《民法典》第 1179 条规定，侵害他人造成人身损害的，应当赔偿医疗费、护理费、交通费、营养费、住院伙食补助费等为治疗和康复支出的合理费用，以及因误工减少的收入。造成残疾的，还应当赔偿辅助器具费和残疾赔偿金；造成死亡的，还应当赔偿丧葬费和死亡赔偿金。第 1183 条规定，侵害自然人人身权益造成严重精神损害的，被侵权人有权请求精神损害赔偿。

② 张军，陈卫东：《新刑事诉讼法疑难释解》，人民法院出版社第 2012 年版，第 207 页。

③ 穆远征，戴蕾：《民刑交叉案件财产保全规则的衔接与完善》，载《湘潭大学学报（哲学社会科学版）》2014 年第 4 期。

用民事诉讼法的相关规定。2018 年《刑事诉讼法》沿用了 2012 年《刑事诉讼法》的相关内容，最新《高法解释》第 189 条第 2 款中规定了诉前财产保全规则。

（二）构建财产保全特别规则

尽管现行刑事诉讼法中对财产保全规则进行了强化，但是在附带民事诉讼中关于财产保全规则的规定过于笼统，既没有注意到我国民事诉讼财产保全规则的自身缺陷，也没有附带民事诉讼案件的特殊性。在建立和完善附带民事诉讼财产保全规则上，一方面我们必须有序衔接民事诉讼财产保全规则的规定，另一方面我们应当注重附带民事诉讼的特殊性，在刑事诉讼法中进一步强化财产保全规则在附带民事诉讼中的效果。

1. 建立刑事担保特别规则

我国民事诉讼法及最高人民法院的司法解释明确规定诉前财产保全申请人必须提供担保，诉中财产保全可以责令当事人提供担保，因此，对诉讼保全是否需要提供担保，法院具有一定的自由裁量权。目前司法实践中，诉讼财产保全基本上都需要提供保证金担保，且对于担保的保证金过高，一般必须足额。首先，对于保证金这一问题，考虑到受害人的损失是犯罪行为所造成的，附带民事诉讼财产担保的保证金由人民法院根据具体情况裁定，但财产保全的范围应严格限于受害人的损失范围之内。[①] 其次，可以借鉴实践中某些司法机关的做法，允许保全申请人对担保按比例分期交付。最后，考虑到被害人受害主体的特殊身份，为了避免其在财产保全中承担过重的负担，以及检察机关因提供担保带来的困境，可以考虑建立对刑事被害人进行救助的第三方机构，负责对附带民事诉讼财产保全提供担保。

2. 建立公安机关、人民检察院的协助保全规则

法律明确规定了只有法院才有职权作出财产保全裁定，在刑事诉讼中，公安机关、人民检察院在财产保全程序中主要发挥着协助被害人进行财产保全作用。首先，侦查人员和检察人员在侦查和起诉阶段，要树立一种潜意识，提前做好可能需要采取保全措施的准备，即在侦查和起诉阶段不仅要重

---

① 汤维建，张自合：《刑民交叉案件中的财产保全》，载《法律适用》2009 年第 2 期。

视追缴赃款赃物，而且应当对犯罪分子的经济状况进行初步的评估调查，必要时果断采取查封、扣押等强制措施，随案件移送法院处理，为附带民事赔偿案件的顺利执行打下良好的基础，防止进入审判阶段被告方转移、隐匿、变卖、毁坏财物，造成附带民事诉讼判决执行难的境地；其次，我国法律规定了被害人有权申请财产保全措施，为了切实保障被害人的这一项权利，我们的公安机关、人民检察院承担了告知被害人有权申请财产保全的义务；再次，一旦被害人决定申请财产保全措施，公安机关、人民检察院应当向被害人提供已掌握的加害人的财产状况信息或证据材料；最后，我国法律规定，情况紧急人民检察院可以自行申请保全，是否决定申请财产保全当事人自身的一项处分权，所以，人民检察院自行申请保全后应当即时告知被害人，且最终是否决定申请，交由被害人决定。

3. 完善财产保全错误的赔偿责任及法院审查规则

我国《民事诉讼法》第 108 条规定，保全申请有错误的，申请人应当赔偿被申请人因保全所遭受的损失。对于法官以职权采取的财产保全措施造成的损失由谁承担责任，法律并没有规定，这种情况下应当区分法院的保全措施是否正确、恰当。错误的财产保全造成的损失，根据有权利必有责任的原则，应由法院承担赔偿责任。① 在我国附带民事诉讼中，第一种情况，如若是法院以职权采取财产保全措施发生错误的（如嫌疑人是被冤枉的，根本不曾为犯罪行为等），如上文所述，这种情况下，法院应当承担赔偿责任。第二种情况，因被害人申请错误，造成财产保全发生错误而造成被申请人遭受损失的，谁来承当责任，如若完全的参照民事诉讼法的规定，则应当由被害人承担赔偿责任。但是，在刑事附带民事诉讼中，这种情形对于被害人是否需要承担赔偿责任，我们要进行相应的审查：首先，被害人主要是基于对公安机关与人民检察院的信赖，据侦控机关提供的嫌疑人而申请保全，如果将来发现此嫌疑人并非真正的侵害人，那么申请人不构成申请错误也并不承担赔偿责任，而由侦控机关向被申请人承担司法赔偿责任；其次，按照前文所述规则，申请人按照侦控机关提供的被申请人财产状况申请保全的话，也不承担保全错误责任，除非有证据证明申请人对此明知；最后，基于

① 江伟，王国征：《完善我国财产保全制度的设想》，载《中国法学》1993 年第 5 期。

财产保全的性质，法院应以形式审查为原则。①

三、明确被害人知情权与程序参与权

知情权，是指案件被害人知悉案件的程序进展以及刑事被告人与犯罪嫌疑人的基本信息的权利。作为一项基本权利，知情权是被害人得以行使其他诉讼权利的必要前提。案件的程序进展，主要是考察案件能否适用认罪认罚制度。若能适用，该案件目前处于程序的何种进展阶段，以及该案件的犯罪嫌疑人、刑事被告人最终会受到何种从宽处理等。因而，被害人所知悉的信息，不仅包括程序性信息，还包括从宽处理的实体信息。而知悉犯罪嫌疑人、刑事被告人的权利，主要是指案件被害人有权利知悉、了解侵犯了自身合法权益的犯罪嫌疑人、刑事被告人的基本情况，包括犯罪嫌疑人、刑事被告人的年龄、刑事责任能力；犯罪嫌疑人、刑事被告人是否认罪认罚；刑事被告人涉嫌的罪名、公诉机关拟起诉的罪名及其量刑建议，以及犯罪嫌疑人、刑事被告人可能判处的最终刑罚；是否有悔罪意愿，是否愿意赔偿等。为了保障被害人在案件中的上述知情权，尤其是认罪认罚案件，公、检、法三机关应当在案件办理的重要节点上告知案件被害人其应有的权利，给予足够的程序空间使案件被害人得以行使上述权利，也就是说，公、检、法三机关应当将案件的发展进程及犯罪嫌疑人、刑事被告人的个人基本情况形成书面形式的文字材料，告知案件被害人及其代理人，并让案件被害人或其代理人签字。当然，赋予被害人案件知情权这种行为本身并不是目的，真正的目的是使案件被害人对该刑事案件有基本的了解，能针对性地调整自己的诉讼策略，使自身的合法利益得到最大化保障。当然，为了更好地保障案件被害人的知情权，应当针对性地规定相应的程序制裁措施，尤其是责任追究机制。②

第一，在犯罪嫌疑人首次认罪以求从宽处理之时，就应当通知案件被害人，并赋予其参加协商的机会。该机制不仅可以有效保障案件被害人的程序

---

① 穆远征，戴蕾：《民刑交叉案件财产保全规则的衔接与完善》，载《湘潭大学学报（哲学社会科学版）》2014 年第 4 期。

② 吴四江：《被害人保护法研究——以犯罪被害人权利为视角》，中国检察出版社 2011 年版，第 104 页。

权利，还赋予了犯罪嫌疑人、刑事被告人直面被害人的机会，使其面对自身犯罪行为带来的危害，巨大的愧疚感在一定程度上会促使犯罪嫌疑人心生怜悯，进而积极退赔、与案件被害人达成谅解协议。同时还能使案件承办人员较为直观地、客观全面地去判断犯罪嫌疑人的人身危险性，提出更合理的量刑建议。此外，多方在场的情况下，案件被害人能更好地监督承办人员。第二，法律规范应当赋予被害人异议救济权。根据现行的法律规范，被害人有权利对检察机关提出自己的异议，但检察机关对该异议可听可不听，同时又没有相应的救济或制裁措施，导致该异议没有刚性效力，该异议权实则是有名无实。因此，可以规定申诉、控告制度，赋予案件被害人向上级机关申诉的权利，又或者规定责任追究制度，当某一机关违背权利告知义务，依法对责任人员给予降级等处分，当然，认罪认罚从宽制度意在解决司法资源与现实需求的矛盾，追求效率，若直接给予案件被害人一票否决权，可能使制度的适用难以继续进而影响诉讼效率。不妨借鉴美国刑事诉讼法的相关规定，将案件被害人的异议记录并附卷，交由法院进行决定，以防止诉讼的过分迟延。

四、加强被害人谅解在量刑中的影响力

认罪认罚从宽制度与刑事和解制度的适用范围有重合但也有差异，通过分析可知，认罪认罚从宽制度的适用范围远大于刑事和解制度，包括轻罪和重罪，而刑事和解制度则一般适用于轻罪。根据二者的适用条件，适用刑事和解制度需要犯罪嫌疑人取得被害人的谅解，而认罪认罚从宽制度却并不需要，且在从宽的保障及从宽幅度上，以国家为背书的认罪认罚从宽制度明显更有吸引力。这就使得当犯罪嫌疑人、刑事被告人无能力赔偿或不愿赔偿以取得谅解时，仍有“退路可选”，更加影响犯罪嫌疑人、刑事被告人的赔偿积极性，进而无形之中弱化了对案件被害人权利的保护。为缓和两制度的这种矛盾，实现二者在刑事诉讼进程中的和谐兼容，避免刑事和解制度被架空，应当通过建立规则，提高被害人谅解在案件处理中的影响力，尤其是对从宽幅度的影响权重，进而激发犯罪嫌疑人、刑事被告人的赔偿积极性。相反，如果犯罪嫌疑人、刑事被告人态度恶劣，则要将这种态度纳入“悔罪”的认定，一定程度上影响最终的从宽处理幅度。当然，对于赔偿数额的认定要客观、公正，不能盲目支持案件被害人的漫天要价。

五、构建刑事被害人国家补偿制度

在犯罪已然发生无法恢复原状的情况下，对被害人最好的保障便是物质赔偿，以弥补被害人的损失。然而，犯罪嫌疑人、刑事被告人是否对被害人的进行赔偿受多种因素的影响，第一犯罪嫌疑人、刑事被告人本就穷途末路，家底一清二白，无力支付赔偿。第二，赔偿意愿，前述刑事和解与认罪认罚从宽制度的内生不兼容性，导致犯罪嫌疑人、刑事被告人趋利避害，是影响赔偿意愿的原因之一。第三，影响赔偿意愿的原因是，犯罪嫌疑人、刑事被告人因即将面临刑罚而不愿赔偿，不愿赔导致刑罚加重，反过来挫伤赔偿积极性，陷入循环。第四，被害人请求的赔偿数额过高。在多种因素的影响下，被害人很有可能得不到应有的赔偿，权益得不到保障。

在得不到应有的赔偿时，刑事被害人能依靠的只有国家。在经济社会不断发展的今天，国家有能力也有职责补偿被害人，缓解因犯罪而变得紧张的社会关系。刑事被害人国家补偿制度即是这样一种制度，具体是指由国家来补偿因受到犯罪侵害而受伤甚至死亡却无法从犯罪分子处获得应有赔偿的被害人或其亲属，以弥补刑事被害人的损失、保障刑事被害人的合法权益。①在极力推行认罪认罚从宽制度的今天，被害人的角色地位未得到充分的重视。诉讼效率的提高有赖于控辩双方的协商，被害人的功劳实则也不能忽视。在未来刑事诉讼法律规范的完善中，旨在保障刑事被害人权益的国家补偿制度，应当与重在保障犯罪嫌疑人、刑事被告人权益的值班律师制度具有同等重要的地位。在具体规则的构建上，可以借鉴其他国家的先行经验，明确制度的适用对象、启动方式、补偿数额、审议机构等。若要体现权利和义务的一致性，还可设置相关义务，如积极协助公、检、法机关抓捕、追诉犯罪。②

① 赵恒：《认罪认罚与刑事和解的衔接适用研究》，载《环球法律评论》2019 年第 3 期。

② 贺红强：《我国被害人司法救助制度的实用倾向和路径选择》，载《内蒙古社会科学（汉文版）》2018 年第 3 期。

第五章　程序衔接与协调

第一节　认罪认罚从宽与刑事和解的衔接与协调

一、必要性分析

（一）保障被害人合法权益的需要

根据司法实践的经验来看，无论是什么制度，如果只重视被追诉人的权利保护，强调以被追诉人为中心进行程序设计，对于被害人的合法权益置之不理，或者是放置在十分边缘的位置，这样的制度是无法到达其预期目标的。[①] 在我国刑事诉讼法体系中，被害人一直都具有独立的诉讼当事人地位。根据我国刑事诉讼法及相关指导意见的规定，在认罪认罚从宽制度中，被害人虽然可以表达其意见与异议，但无法起到直接的实质影响力。[②]

首先，尊重与保障人权是我国刑事诉讼的基本原则之一。在刑事诉讼中，作为法定的诉讼参与人，被害人具有独立的法律地位。既然是我国刑事诉讼中重要的独立诉讼参与人，被害人的合法权益保护问题当然也应成为我国刑事诉讼制度考虑的重点问题。不同于美国的辩诉交易制度，该制度对于被害人的参与权与知情权视而不见，最终的“交易结果”尽管保证了法官、

---

① 陈瑞华：《“认罪认罚从宽”改革的理论反思——基于刑事速裁程序运行经验的考察》，载《当代法学》2016 年第 4 期。

② 陈瑞华：《认罪认罚从宽制度的若干争议问题》，载《中国法学》2017 年第 1 期。

检察官、辩护律师等各方的“利益兼得”，却忽略了甚至说是出卖了被害人的利益。认罪认罚从宽制度是我国在学习借鉴其他制度的基础上，结合我国实际国情建立的制度，无论出于学习改进还是适应国情的角度，认罪认罚从宽制度都应该对被害人的合法权益重视起来。其次，从监督检察机关的角度来看，在认罪认罚从宽制度中，提高被害人的参与度，有利于防止在施行过程中出现滥用职权等情况。① 再者，如果允许被害人更多参与到认罪认罚从宽程序中，既是尊重被害人的一种表现，也有利于被害人对犯罪嫌疑人、被告人认罪态度的感受与体会，缓解被害人因犯罪行为造成的仇恨、恐惧、不安等情绪。有利于缓和双方当事人的关系，修复被破坏的社会关系。

（二）缓解刑事和解困境的需要

在司法实践中，刑事和解制度的实施情况并没有达到预期目标，其中较为突出的问题就是，在促进刑事和解的过程中对物质赔偿和精神安抚的重视度相差甚远。在促进刑事和解的过程中，调解人员会将重点放在物质损失上，即赔偿数额的争议上，对于被害人精神修复与缓解社会关系中的矛盾甚少关注。为了尽快促成刑事和解的达成，调解人员偏向于用一种道德批判的方式，对追诉人与被害人分别进行批判教育与法制说教，使双方当事人都感觉到“理亏”，从而更容易接受和解的结果，达成和解协议。这样造成的结果就是，在公安司法机关工作人员的调解下，被害人的精神需求无法得到满足。② 如果能将刑事和解与量刑协商两者衔接起来，使和解与量刑减让拥有更紧密的关系，这在一定程度上有利于鼓励犯罪嫌疑人、被告人积极向被害人道歉赔偿，弥补其物质损害与精神损伤。

在刑事和解中，被害人因为其占有优势地位提出与其实际损失情况并不匹配的和解要求，主要是指被害人提出过高的赔偿数额。对于犯罪嫌疑人、被告人而言，尽管其是秉持着真诚的态度认罪悔罪，向被害人道歉赔偿，但因为被害人提出的赔偿数额实在过高而无法达到赔偿要求，最终和解失败，无法达成和解协议。这种情况既造成了司法资源的浪费，也容易挫伤犯罪嫌

① 王敏远：《认罪认罚从宽制度疑难问题研究》，载《中国法学》2017 年第 1 期。

② 陈瑞华：《刑事诉讼的私力合作模式——刑事和解在中国的兴起》，载《中国法学》2006 年第 5 期。

疑人、被告人的求和心理，对其后续教育也会造成不利影响。如果将刑事和解与量刑协商进行衔接，也许能缓解该问题带来的不必要的消耗与消极影响。在公安司法机关参与和解的过程中，即使被害人因犯罪嫌疑人、被告人无法满足其过高请求而造成刑事和解失败，也可以由公安司法机关与犯罪嫌疑人、被告人进行协商，根据其赔偿道歉的表现，对其从宽处理。

二、可行性分析

（一）拥有共同的理论基础

1. 协商性司法理论

在解决纠纷的方式中，诉讼往往是最后的一种方式。在传统的刑事诉讼中，无罪推定是基础，激烈的对抗是其重要特点。不可否认的是，在传统刑事诉讼模式中，司法公正能够获得较高程度的实现。但在该模式下，被追诉人与国家拥有巨大的地位差异，被追诉人能否与国家拥有同等的实力进行对抗是值得怀疑的，而且过度消耗司法资源的特点也让该模式备受指摘。而协商性司法理念的提出，突破了传统诉讼模式的特点。协商性司法理念不再以对抗性为特征，其价值目标也更加多元化，无论是当事人权利保护，还是社会正义与秩序的保障都是该理念的重点对象，而且其同样将优化司法资源配置作为价值目标之一。

该协商模式主要分为“公力合作”与“私力合作”两种模式。[①]“公力合作”模式的主要合作主体是公安司法机关与犯罪嫌疑人、被告人，在刑事诉讼中，由犯罪嫌疑人、被告人向公安司法机关表示自愿认罪，如实供述自己的犯罪事实，配合侦查机关进行证据搜集、事实查明等，而公安司法机关则对其表现进行考察，从而对其作出从宽处理。认罪认罚从宽制度主要体现的就是“公力合作”模式的特点。“私力合作”模式的主要合作主体是犯罪嫌疑人、被告人与被害人一方，通过双方当事人的交流与协商，由犯罪嫌疑人、被告人向被害人表示其真诚悔罪的态度，并通过向被害人赔礼道歉，弥补损失等方式获取被害人的谅解，如果被害人认为其物质损失与精神损害得到弥补，表示自愿和解的话，则双方当事人达成和解，公安司法机关再根

① 陈瑞华：《刑事诉讼的中国模式》，法律出版社2018年版，第34页。

据其和解情况对犯罪嫌疑人、被告人从宽处理。我国的刑事和解制度则是符合“私力合作”模式特征的制度，而无论是上述哪一种“协商制度”，都体现出了一些比激烈对抗更为突出的优点，其也更能达成双赢的结果。

2. 恢复性司法理论

20 世纪 70 年代，西方兴起了一股恢复性司法的刑事司法运动。一般认为，“恢复性司法”概念是由美国学者 Barnett 最早提出的。1977 年，Barnett 在其发表的《赔偿：刑事司法中的一种新范式》一文中，提出“恢复性司法”概念，并论述了“犯罪人—被害人和解”试验中产生的部分重要原则，包括最为核心的“恢复性指向”。① 而后，美国学者丹尼尔·W. 凡奈思将“恢复性司法”概述为：恢复性司法是对犯罪行为作出的系统性反应，它着重于治疗罪行给被害人和社会所带来的或者引发的伤害。② 恢复性司法的提出对传统刑事司法是一个巨大的冲击，其对我国刑事和解制度也提供了灵感与启发。21 世纪初期，恢复性司法理论逐渐走入我国学者的视野，司法实践中，我国部分地区也在进行试点探索，在逐步探索取得一定成效后。2012 年《刑事诉讼法》正式将刑事和解制度以立法方式确定。虽然刑事和解制度并非完全符合恢复性司法理念，但不可否认的是，恢复性司法在一定程度上为其提供了理论支持。

从认罪认罚从宽制度的角度来看，恢复性司法理论也对其有一定启发。在认罪认罚从宽制度中，虽然还是以国家机关与犯罪嫌疑人、被告人为主体，但被害人权利保障也是该制度的一部分。在认罪认罚从宽制度中，被害人的参与度并不算太高，其权利保障也需进一步加强，我国也在不断寻找如何在认罪认罚从宽制度中兼顾被害人权利的方式。根据刑事诉讼法及相关法律的规定，在认罪认罚从宽制度中，犯罪嫌疑人、被告人对被害人赔偿损失、赔礼道歉也会成为其是否“认罚”的考虑重点。在认罪认罚案件中，如果公安司法机关发现符合和解条件的，其也负担着促进双方当事人进行和解的义务。上述对于被害人权利的保障措施，在一定程度上也是对恢复性司

① 杜宇：《司法观的“交战”：传统刑事司法 VS. 恢复性司法》，载《中外法学》2009 年第 2 期。

② 丹尼尔·W. 凡奈思：《全球视野下的恢复性司法》，王莉译，载《南京大学学报（哲学·人文科学·社会科学）》2005 年第 4 期。

法精神的吸纳。①

(二) 程序设计上具有共性

1. 都贯穿刑事诉讼的全过程

根据《指导意见》的相关规定,认罪认罚从宽制度可以适用于侦查、起诉、审判各个阶段,贯穿了刑事诉讼的全过程。《刑事诉讼法》中认罪认罚从宽的相关规定也涉及了侦查、起诉以及审判等各个阶段。而根据《刑事诉讼法》第 288 条、第 289 条、第 290 条的规定,案件在不同阶段的情况,对于达成和解协议的案件,公安机关、人民检察院都有权提出从宽处理的建议,人民法院也可以进行从宽处理。如前所述,在刑事诉讼中,认罪认罚从宽制度与刑事和解制度都可以适用在侦查、起诉以及审判各个阶段,贯穿于刑事诉讼全过程。

2. 都建立在犯罪嫌疑人、被告人认罪的基础上

2016 年,"两高三部"出台《试点办法》,根据其第 1 条②可以看出,在认罪认罚从宽制度中,犯罪嫌疑人、被告人"自愿如实供述罪行,对指控犯罪事实无异议"是其适用该制度的基础。2019 年《指导意见》在其基础上细化规定,说明对于个别事实情节的异议不影响其"认罪"的认定,可以依法得到从宽处罚。③ 这表明,在认罪认罚从宽制度中,认罪是基础。

从刑事和解制度的角度来看,根据《刑事诉讼法》第 288 条规定,在符合刑事和解范围的公诉案件中,只有"犯罪嫌疑人、被告人真诚悔罪,通过向被害人赔偿损失、赔礼道歉等方式获得被害人谅解,被害人自愿和解

---

① 邢颜:《认罪认罚从宽与刑事和解的衔接适用问题研究》,沈阳师范大学 2022 年硕士学位论文。

② 《试点办法》第 1 条:犯罪嫌疑人、被告人自愿如实供述自己的罪行,对指控的犯罪事实没有异议,同意量刑建议,签署具结书的,可以依法从宽处理。

③ 2019 年出台的"两高三部"《指导意见》中关于"认罪"的把握中明确:认罪认罚从宽制度中的"认罪",是指犯罪嫌疑人、被告人自愿如实供述自己的罪行,对指控的犯罪事实没有异议。承认指控的主要犯罪事实,仅对个别事实情节提出异议,或者虽然对行为性质提出辩解但表示接受司法机关认定意见的,不影响"认罪"的认定。犯罪嫌疑人、被告人犯数罪,仅如实供述其中一罪或部分罪名事实的,全案不作"认罪"的认定,不适用认罪认罚从宽制度,但对如实供述的部分,人民检察院可以提出从宽处罚的建议,人民法院可以从宽处罚。

的”才可以进行刑事和解。同时，根据最高人民法院《关于适用〈中华人民共和国刑事诉讼法〉的解释》的规定，和解协议书中应包括“被告人承认自己所犯罪行，对犯罪事实没有异议，并真诚悔罪”。[①] 这表明，在刑事和解中，只有在犯罪嫌疑人、被告人认罪的基础上，才有可能继续下去。在上述两项制度中，认罪的标准有所区别，在刑事和解中，不仅要求犯罪嫌疑人、被告人认罪悔罪，还需要其向被害人进行赔偿道歉，获得其原谅，相对于认罪认罚从宽制度的认罪程度稍高。虽然认罪程度不同，但不可否认的是上述两项制度都建立在犯罪嫌疑人、被告人认罪的基础上。

3. 处理方向相似

在认罪认罚从宽制度中，从宽处理主要体现在两个方面，即程序方面与实体方面。从程序方面来看，与不认罪的犯罪嫌疑人相比，认罪认罚的犯罪嫌疑人更有可能被采取非羁押性强制措施。而且，认罪认罚的被告人更有可能适用更简化的审判程序，最为简便的速裁程序更是以被告人认罪认罚为基础。从实体方面来看，犯罪嫌疑人、被告人认罪认罚更可能获得量刑上的从宽，从宽幅度也会更大。

再看刑事和解制度，根据最高人民检察院《达成和解的轻微刑事案件的若干意见》第6条的规定，在刑事和解制度中，和解是无逮捕必要性的重要因素之一，如果达成和解协议，即使对于已经被批捕的犯罪嫌疑人，也有机会申请变更强制措施。对于检察机关而言，对双方当事人达成和解的案件，其可以作出不起诉的决定。对于审判机关而言，在轻微刑事案件中，成功和解是作出不判处或者免除刑罚的重要因素；在可能判处三年以上有期徒

---

① 最高人民法院《关于适用〈中华人民共和国刑事诉讼法〉的解释》第592条：和解协议书应当包括以下内容：

（一）被告人承认自己所犯罪行，对犯罪事实没有异议，并真诚悔罪；

（二）被告人通过向被害人赔礼道歉、赔偿损失等方式获得被害人谅解；涉及赔偿损失的，应当写明赔偿的数额、方式等；提起附带民事诉讼的，由附带民事诉讼原告人撤回起诉；

（三）被害人自愿和解，请求或者同意对被告人依法从宽处罚。

和解协议书应当由双方当事人和审判人员签名，但不加盖人民法院印章。

和解协议书一式三份，双方当事人各持一份，另一份交人民法院附卷备查。

对和解协议中的赔偿损失内容，双方当事人要求保密的，人民法院应当准许，并采取相应的保密措施。

刑刑罚的案件中，被告人也可以因成功和解获得从宽处理的结果。由此可见，在认罪认罚从宽制度与刑事和解制度中，对于符合认罪认罚或者达成和解的被追诉人的处置方式基本相同。

4. 认罪认罚从宽实施中同样提倡促进和解谅解

在刑事和解中，被害人谅解，与犯罪嫌疑人、被告人达成和解是其核心内容，而在认罪认罚从宽制度中，同样提倡促进双方当事人和解谅解。根据《指导意见》第 17 条①的规定，对于符合刑事和解制度条件的案件，公安司法机关应该积极促进双方当事人进行刑事和解。对于不符合刑事和解制度条件的案件，公安司法机关也应鼓励犯罪嫌疑人、被告人积极向被害人赔偿损失，获得被害人的谅解。从上述规定中，不难看出，在认罪认罚从宽制度中，当事人之间的和解谅解同样是被积极提倡的。②

（三）功能价值上相辅相成

通过对认罪认罚从宽制度与刑事和解两项制度仔细分析可知，虽然其适用的主要主体不同，内容侧重也有差别，但其内涵却是相通的。③ 从刑事和解制度中来看，其是以犯罪嫌疑人、被告人“认罪认罚”为适用前提。在刑事和解中，除了符合法律明确规定的案件范围限制外，犯罪嫌疑人、被告人需要满足“真诚悔罪”的条件。而“认罪”是“真诚悔罪”的前提基础，只有承认自己实施了犯罪行为，才有可能表明其是真的对自己的犯罪行为表示悔恨。“认罚”也表明犯罪嫌疑人、被告人愿意承担法律要求的责

---

① 《关于适用认罪认罚从宽制度的指导意见》第 17 条：促进和解谅解。对符合当事人和解程序适用条件的公诉案件，犯罪嫌疑人、被告人认罪认罚的，人民法院、人民检察院、公安机关应当积极促进当事人自愿达成和解。对其他认罪认罚案件，人民法院、人民检察院、公安机关可以促进犯罪嫌疑人、被告人通过向被害方赔偿损失、赔礼道歉等方式获得谅解，被害方出具的谅解意见应当随案移送。人民法院、人民检察院、公安机关在促进当事人和解谅解过程中，应当向被害方释明认罪认罚从宽、公诉案件当事人和解适用程序等具体法律规定，充分听取被害方意见，符合司法救助条件的，应当积极协调办理。

② 肖斐：《认罪认罚从宽与刑事和解制度衔接研究》，兰州大学 2020 年硕士学位论文。

③ 何剑：《认罪认罚从宽与刑事和解制度比较研究》，载《社会科学动态》2020 年第 10 期。

任，而这对成功进行刑事和解也是起着促进作用的。

从认罪认罚从宽制度来看，刑事和解是被鼓励的行为。在侦查阶段，对于犯罪嫌疑人的罪名和可能判处的刑罚客观上也具有较大的不确定性，与“愿意接受处罚”的单一意思表示相比，刑事和解的实际行动和效果可以大大强化认罪认罚的证明力。《指导意见》第7条称：认罪认罚从宽制度中的“认罚”，是指犯罪嫌疑人、被告人真诚悔罪，愿意接受处罚。“认罚”考察的重点是犯罪嫌疑人、被告人的悔罪态度和悔罪表现，应当结合退赃退赔、赔偿损失、赔礼道歉等因素来考量。可见，认罪和认罚也体现出犯罪嫌疑人、被告人对“罪”的态度为递进关系，而并非仅为并列要件。“真诚悔罪”及其外化于行的赔偿道歉等刑事和解的内容要素也是认定“认罚”的重要因素。根据《指导意见》第16条的规定，刑事和解的有关情况也是司法机关从宽处罚时的重要考虑因素。可见，刑事和解在认罪认罚的“证成”“从宽”依据的提供方面，均发挥重要作用。

三、实现路径

（一）设置同时告知程序

在认罪认罚从宽与刑事和解两项制度中，被害人地位的差异是较为明显的区别，如果试图将两种制度进行衔接与协调，那必须重视该差异，对被害人合法权益进行合理保护。在刑事和解制度中，保障被害人权利既是其核心任务，又是其价值追求。如果能够提高刑事和解制度的适用率，就能使更多刑事案件中的被害人权利获得保护。但在司法实践中，刑事和解制度的适用情况并不乐观，其中的一个重要原因出自公安司法机关。因为要达成刑事和解需要花费较高的人力成本和时间成本，而且还可能面临失败的风险，所以在实践中，公安司法机关人员对告知犯罪嫌疑人、被告人刑事和解相关制度内容的积极性并不高。虽然在《指导意见》第17条中提及了，在促进当事人和解谅解的过程中，公安司法机关有义务向被害人一方释明认罪认罚从宽、刑事和解程序等具体法律规定，但其并未有具体规定，在实践中操作如何也暂未可知。因此，最好设置两种制度同时告知机制，更好地保障刑事案件当事人的知情权。该机制主要包括两个同时：一是同时告知犯罪嫌疑人、被告人以及被害人，二是同时告知认罪认罚从宽与刑事和解两个制度的具体内容。

1. 告知义务的履行者

作为重要的刑事诉讼程序，认罪认罚从宽与刑事和解都是针对刑事案件的制度，而在刑事案件中，作为行使国家公权力的公安机关、检察机关与审判机关，自然应肩负履行告知义务的责任，且其也更有履行责任的便利条件。但基于目前只有比较粗疏的规定，为了尽量避免刑事和解花费过多的人力与时间成本，也为了避免和解失败带来的风险，公安司法机关常常不愿主动促进双方当事人进行和解。因此，应当明确规定侦查机关、检察机关与审判机关在刑事诉讼各个阶段的告知义务。在犯罪嫌疑人、被告人表示认罪之时，由公安司法机关告知其关于认罪认罚从宽以及刑事和解这两项制度的相关内容。并且，出于工作便利与连续性，应当由负责案件的司法人员履行告知义务。

2. 告知的对象、内容以及方式

毋庸置疑，告知对象是刑事案件的当事人，犯罪嫌疑人、被告人与被害人。但针对不同的当事人，告知内容也应有所变化。

第一，对犯罪嫌疑人、被告人告知义务的履行。在刑事案件中，无论处于哪一诉讼阶段，只要犯罪嫌疑人、被告人表示自愿认罪，相关公安司法机关工作人员都应将认罪认罚从宽制度与刑事和解制度告知于他。告知其，如果认罪认罚，积极配合公安司法机关的工作将有机会获得从宽处理的结果，而积极向被害人赔偿道歉，获取被害人原谅，达成和解协议将有机会获得更大幅度的从宽处理。也由此激励犯罪嫌疑人、被告人弥补被害人的物质损失和精神损害，缓解双方当事人的矛盾，也有利于其将来的改造与教育。

第二，对被害人告知义务的履行。对于犯罪嫌疑人、被告人认罪认罚的案件，公安司法机关也应告知被害人刑事和解制度与成功和解对案件的影响，同时告知被害人，在该案件中，犯罪嫌疑人、被告人有可能因适用认罪认罚从宽制度获得从宽处理的机会。一来有利于促进被害人主动产生和解的意愿，或更容易接受公安司法机关、犯罪嫌疑人、被告人提出的启动和解程序的建议与请求；二来在提前告知被害人相关制度与法律后果后，即使出现和解不成功，但犯罪嫌疑人、被告人因适用认罪认罚从宽制度获得从宽处理的结果，也能减少被害人出现过于抗拒，无法接受的情绪，出现案结事不了的上访现象等。

需要特别明确的，无论是告知两种制度的相关内容还是可能产生的后果，都应以书面形式告知。鉴于相关制度比较复杂，且内容也比较多，采用书面形式，一来便传达与保存，二来也方便当事人反复阅读、仔细斟酌，根据自身情况作出最合适明智的决定。

（二）建立“三方协商”程序

由于我国刑事诉讼受到强职权主义的影响，认罪认罚从宽制度中的协商性难以发挥其应有的作用。在认罪认罚从宽制度中，量刑协商过程为其核心部分。在量刑协商程序中，检察机关与犯罪嫌疑人综合案件情况与犯罪嫌疑人的表现，对于案件的量刑部分进行沟通交涉，一般来说，法定与酌定的量刑减让情况都应当纳入协商范围，但因为法律将被追诉人是否与被害人达成刑事和解作为重点考察内容，这就使得其协商性大大减弱。一方面使得认罪认罚从宽制度内容过于糅杂，另一方面也阻碍了刑事和解的单独存在价值。因此，如果想要对两项制度进行合理衔接，可以在现有的基础上，构建“三方协商”机制。

这同样也是为了兼顾犯罪嫌疑人、被告人与被害人的利益。由犯罪嫌疑人、被告人一方面与司法机关继续量刑协商，另一方面与被害人进行和解。这样一来，对于犯罪嫌疑人、被告人而言，其可以因为适用认罪认罚从宽制度与刑事和解制度有机会获得更大幅度的从宽结果；对于刑事被害人而言，其可以获得犯罪嫌疑人、被告人的真诚悔罪，赔偿道歉，弥补其因犯罪行为遭受的物质损失和精神损害；对于公安司法机关而言，其可以节约司法资源，提高诉讼效率，也有利于社会关系的修复，促进社会和谐。“三方协商”机制使被追诉人、被害人与公安司法机关进行充分沟通交流，最终使案件得以三方都可接受的方式平和解决。

“三方协商”机制是建立在三方都具有知情权、参与权与表达意见权的基础上，进行平和协商沟通的机制。当然，无论是出于我国的司法实践情况还是立法规定，被害人都不可能完全参与检察机关与被追诉人量刑协商的全过程。但出于对被害人权利的尊重与保护，协商中的关键场合与过程，被害人应当有参与的权利。如检察机关量刑建议书的提出，被追诉人签署认罪认罚具结书等，被害人应该享有知情权、见证签署过程的权利以及提出意见与异议的权利。通过被害人的适当参与，既可以使被害人亲身感受被追诉人认罪悔罪的态度，对刑事和解的推进也有一定的促进作用，同时也实现了被追诉人与检察机关的协商程序的一种监督，防止滥用职权等情况发生。而在刑事和解方面，检察机关应当在场，一来帮助促进达成和解，二来也起到一定的监督作用，审查和解协议的自愿性与合法性，也可以进一步考察被追诉人认罪悔罪的态度。

需要注意的是，“三方协商”机制是对两项制度的协调衔接与完善，而非简单粗暴地合并。该机制体现了对被害人主体地位的尊重，也保证了被害人的参与度，有利于被害人理解适用认罪认罚从宽制度后的从宽结果。同时，该机制对于推动认罪认罚从宽制度的实施发挥着积极的作用，维护司法公正，使得协商具结过程更加合法与正当，对于诉讼效率的提升也有积极效果。① 立法者应继续转变立法理念，对诉讼当事人的主体地位表示充分尊重，并对协商意见与和解意见予以更多关注。在将来的法律修订中，可以设立鼓励检察机关积极探索适用“三方协商”机制的相关条款，并提供详细的工作指导。同时在人才培养上，要加强检察工作人员的培训，帮助其转化工作理念，使其在三方协商过程中更好发挥作用，促进“三方协商”机制的落实。

（三）诉讼程序衔接适用制度

在两项制度的衔接与协调中，还存在一些问题，就是审前分流效果以及审理程序分层效果都不明显。如前所述，我国刑事诉讼一直受强职权主义的影响，加上相关规则较为粗糙，在认罪认罚从宽制度中，只是把认罪情况作为简易程序及速裁程序的适用条件，而对于量刑协商与刑事和解后的程序适用问题却并未有明确规定。为了理顺诉讼程序的适用，实现案件分流以及审理程序分层的效果，应当作出以下完善：

首先，对于与检察机关协商一致并达成和解的认罪认罚案件，在制度规则层面应提供明确的指导，即检察机关可以根据案件情况，积极作出不起诉决定。检察机关应当认识到，对于该种案件，作出裁量不起诉的决定对推动案件繁简分流、节约司法资源，提升诉讼效率的重要价值。其次，检察机关

① 赵恒：《认罪认罚与刑事和解的衔接适用研究》，载《环球法律评论》2019 年第 3 期。

应当划分不起诉案件与审查起诉案件，并进行分别处理。对于犯罪情节轻微（可能判处一年以下有期徒刑刑罚），双方当事人成功进行刑事和解，并与检察机关达成了共识的案件，检察机关应积极作出不起诉决定，实现案件分流。

对于检察机关认为需要审查起诉的案件，则需要根据案件具体情况，对其应当适用的程序进行判断。在我国刑事诉讼中，认罪认罪从宽制度的确立，以及速裁程序的设定重构了我国刑事诉讼程序，应以被追诉人是否认罪为标准将审查起诉案件划分为认罪案件与不认罪案件，并适用不同程序。其中对于被追诉人不认罪的案件，适用普通程序进行审理。对于被追诉人认罪的案件，以被追诉人是否认罚为标准，进一步区分为认罪认罚案件与认罪不认罚案件，适用不同的程序。根据我国刑事诉讼的相关规定，认罪认罚案件可以适用普通程序、简易程序和速裁程序。认罪不认罚案件可以适用简易程序和普通程序。双方当事人是否达成和解对普通程序与简易程序的适用没有影响，而且检察机关只拥有建议权。如此，通过对起诉与否、认罪与否、认罚与否、和解与否进行区别设置，形成多元化的司法裁判分流机制，从而更大程度地实现整个社会司法公正总量的增值。①

第二节　附带民事诉讼与刑事和解的衔接与协调

一、必要性分析

（一）司法实践的现实需求

1. 我国立法对附带民事诉讼与刑事和解的衔接问题并未作全面规定

在我国刑事诉讼中，对于被害人损失赔偿问题的解决之策主要有两种，即刑事和解程序与附带民事诉讼程序。前者有适用范围的限制，而后者可以适用于所有案件。对于这两种程序的适用，刑事案件的当事人可以自己选

---

① 樊崇义：《刑事速裁程序：从“经验”到“理性”的转型》，载《法律适用》2016 年第 4 期。

择。上述两种程序在各自运行中没有冲突和矛盾，但在两者关系如何、如何衔接等问题上，比如如果被害人在其中一个程序未能实现其赔偿请求，那么其能否利用及如何利用另一个程序予以补救的问题，无论是从立法规定还是司法实践中都难以找到答案。在司法解释中，虽然关于前述问题有所规定，但过于粗疏，不够全面。根据相关学者的研究，在司法实践中，对该问题的解决具有很大的主观性与随意性，主要是由司法人员根据案件具体情况进行酌情裁量，以及考虑当事人反悔意愿的激烈程度。① 在此情况下，构建刑事和解程序与刑事附带民事诉讼程序的协调与衔接机制就显得尤为重要。这既是为了解决因立法规定不完善造成的实践中法律适用混乱的情况，也是为了更好地保护被害人的合法权益，满足其弥补损失的需求。

2. 司法实践中增加的反悔案例多涉及其与附带民事诉讼程序的衔接问题

例一：在一起交通肇事案中，犯罪嫌疑人何某某违反交通运输管理法规，驾驶机动车造成一起重大道路交通事故，致一人死亡。根据案件事实，应由何某某负事故主要责任。在侦查阶段，何某某与被害人家属成功达成和解协议，但在审查起诉阶段，被害人家属又以“犯罪嫌疑人在赔偿协议中对被害人方存在欺诈行为”为由，对和解协议表示反悔。经查证后，该案件被起诉至法院，最终法院以交通肇事罪，判处何某某有期徒刑一年，缓刑一年。②

例二：在一起故意伤害案中，被告人张某甲、张某乙、张某丙家属与被害人丁某某达成协议，就三个被告人造成的损失一共赔偿被害人丁某某 3 万元，赔偿履行方式为一次性付清。在被告人家属完全履行协议后，丁某某、邹某某出具了谅解书，表示自愿谅解三个被告人的行为，并请求对其从轻或减轻处罚。但之后，丁某某、邹某某又向法院提交了一份“反谅解书”，表示之前三个被告人支付的赔偿款不能弥补其全部损失，之前出具的谅解书作

---

① 刘少军：《论当事人和解与刑事附带民事诉讼程序的衔接》，载《政法论坛》2016 年第 1 期。

② 陈斌：《刑事和解中被害人反悔的情形及应对》，载《中国检察官》2015 年第 6 期。

废，请求法院依法审理。①

观察以上两个案件，其共同点都是被害人在同意进行刑事和解后，又因为各种理由表示反悔，其损失赔偿问题也将重新通过附带民事诉讼程序予以解决。从这里我们便可以看出，此处涉及了刑事和解程序与附带民事诉讼程序的衔接。在司法实践中，对刑事和解反悔的主体，除了被害人外，还有小部分的被追诉人，反悔理由也是多种多样，正当性也有待考察。在如今的司法实践中，刑事和解反悔的情况越来越多，这既不利于公安司法机关进行刑事和解，对被害人损失赔偿也带来了不利影响。

（二）诉讼效益问题解决的必然选择

诉讼效益主要包含两项内容，即经济效益和社会效益。经济效益是指，投入一定的司法资源来处理尽可能多的刑事案件，即提高单位时间内的工作量，减少案件积压和诉讼拖延的情况，提高刑事诉讼的运行效率，降低诉讼成本。社会效益则是指，在满足国家、社会及公民的秩序、公正等方面的需要时，刑事诉讼所达的最佳社会效果。② 不同于诉讼效率，诉讼效益以其为基础又远高于它，除了要求单位时间内要处理尽可能多的案件，诉讼效益会对案件处理带来的法律效果与社会效果予以更多重视。

与司法公正一般，诉讼效益亦属于最高位阶的价值目标。对立法者来说，立法工作就是不断平衡这两者的过程。与立法工作不同，司法实践中会更偏向对诉讼效益的考虑。这是因为在实践中，现实问题的处理往往是较为紧迫的，而司法资源又是有限的，甚至是较为紧缺的。在这样的情况下，在办理刑事案件特别是处理民事损失赔偿问题时，司法机关会更注重诉讼效益的实现。因为在刑事案件中，如果被害人无法通过某一程序满足其因犯罪行为造成的损失，其就会寻求其他程序来保护自己的合法权益。从被害人的角度来看，这是完全正当地维护自己合法权益的行为，但这样的话，一来对正常刑事部分案件的办理可能产生不利影响，二来对诉讼程序的安定也容易产生消极影响。

---

① 游俊豪：《谅解反悔在刑事和解中的适用》，载《人民法院报》2015 年 5 月 20 日，第 6 版。

② 宋英辉：《刑事诉讼目的论》，中国人民公安大学出版社 1995 年版，第 16 页。

总的来说，在以下情形中可能会对诉讼效益造成损失：一是在和解失败的情况下，公安司法机关、犯罪嫌疑人、被告人和被害人之前为促进刑事和解付出的努力，包括时间成本、人力成本等都将付诸东流，使得司法资源被浪费；二是被害人为保护自己的民事权益而启动新的程序所耗费的诉讼资源，以及对之前和解协议进行审查所投入的诉讼资源，对比一般的附带民事诉讼，多付出了更多的司法资源；三是因诉讼程序反复而导致的当事人与社会公众对于刑事诉讼的怀疑，对其能否实现公正、秩序等价值目标表示担心与怀疑。这会使得刑事诉讼的社会效益不仅难以得到较好实现，反而会受到程序冲突与衔接所带来的消极影响的冲击。①

二、可行性分析

在刑事附带民事诉讼中，调解属于其重要组成部分。虽然附带民事调解与刑事和解属于不同的法律制度，但在司法实践中，其往往是合并使用的。显而易见，这两项制度在促进刑事被害人权益保障，以及恢复性司法方面具有显著优势，处理的核心问题都是民事赔偿问题，这也为两者的衔接提供了基础。

（一）两者都发生在诉讼的各个阶段

根据我国法律的相关规定，刑事和解制度可以适用于诉讼的各个阶段。在侦查阶段，如果双方当事人成功达成和解协议，侦查机关可以根据案件具体情况，向检察机关提出从宽处理的建议；在审查起诉阶段，如果双方当事人成功和解，则犯罪嫌疑人有更大可能被采取非羁押性强制措施，对于犯罪情节轻微，不需要判处刑罚的，检察院也可以作出不起诉的决定；在审判阶段达成刑事和解，人民法院可以依法对被告人从宽处罚。调解贯穿于刑事案件的整个审理过程，在审理前的准备阶段，如果案件事实清楚，可以进行调解；在开庭审理中，辩论终结作出判决前，也可以进行调解。无论是第一审、第二审还是再审程序；无论是按普通程序还是按简易程序审理的案件，只要具备可调解条件的案件，人民法院都可以组织调解。

---

① 刘少军：《论当事人和解与刑事附带民事诉讼程序的衔接》，载《政法论坛》2016 年第 1 期。

（二）两者都以自愿、协商为原则

刑事和解中犯罪嫌疑人、被告人与被害人应自愿和解，无论是参与和解程序，还是对和解协议的达成都要是自愿的。刑事和解程序的启动本就是基于当事人之间的自愿协商。附带民事诉讼调解必须遵循当事人自愿原则。一方面，调解的提出与进行必须是双方当事人的真实意愿。即在诉讼过程中，人民法院对案件进行调解的前提必须是双方当事人自愿，不能进行强迫。在自愿的基础上，人民法院才能主持被告人与被害人一方进行调解，否则就应当将该案件送入刑事诉讼程序，并进行依法判决。另一方面，调解达成的协议内容必须是双方当事人自愿协商的结果。

（三）两者都需要经过公安司法机关的审查和确认

在刑事和解方面，根据《刑事诉讼法》第289条的规定，对于犯罪嫌疑人、被告人与被害人进行和解的案件，公安司法机关应当充分尊重当事人的主体地位，听取其意见。鉴于和解应当是由双方当事人自愿达成的，也应当符合法律的相关规定，故公安司法机关负有对刑事和解的自愿性、合法性进行审查的义务。在刑事附带民事诉讼方面，根据司法解释的规定，人民法院可以根据自愿、合法的原则对刑事附带民事诉讼双方当事人进行调解，对于符合要求的案件，由人民法院制作调解书，并由双方当事人确认后签收。这表明，在附带民事诉讼中，调解协议也需要经过法院的审查确认。

（四）公安司法机关在调解或者和解中都发挥了一定的作用

在刑事和解中，公安司法机关向犯罪嫌疑人、被告人告知和解制度的相关内容及其所拥有的权利义务，并将对方的和解意愿予以转达，由双方当事人根据自己的情况与意愿进行沟通协商。而公安司法机关也可以发挥积极的促进作用，主持并协调犯罪嫌疑人、被告人与被害人达成刑事和解，并成功签订和解协议。① 从以上分析可知，刑事和解程序更加类似于附带民事诉讼的前置阶段，在大部分情况下，刑事和解的内容主要集中于经济赔偿问题。

① 郎胜等：《〈中华人民共和国刑事诉讼法〉修改与适用》，新华出版社2012年版，第481—482页。

在附带民事诉讼案件中，人民法院在审理过程中可以进行调解，但在侦查和审查起诉阶段也可以进行调解并帮助双方当事人达成调解协议，但所达成的调解协议必须经过人民法院的开庭，重新审查调解协议的自愿性和合法性，对于自愿、合法的调解协议，人民法院应当认可。

（五）两者达成的结果，都将作为量刑的依据

加害人与被害人之间达成的刑事和解是一种酌定的量刑情节。对于犯罪情节轻微，不需要判处刑罚的刑事和解案件，可以不追究加害人的刑事责任；对以外的刑事和解案件，则可以以具备酌定从宽情节进行从宽处理。《刑事诉讼法解释》第194条规定，审理刑事附带民事诉讼案件，人民法院应当结合被告人赔偿被害人物质损失的情况认定其悔罪表现，并在量刑时予以考虑。可知，在附带民事诉讼案件中，双方当事人达成的调解协议可以成为人民法院量刑的考虑因素。

三、实现路径

协调一词出自《东周列国志》，该书写到“凤声与箫声，唱和如一，宫商协调，喤喤盈耳”。在2012年《刑事诉讼法》修改下引入的刑事和解特别程序，应与我国刑事诉讼法中既存的附带民事诉讼制度和谐一致、配合得当。这两个制度衔接协调，才能更好地实现这两个制度共同目标的合力效果，以及有效地避免两个制度的衔接性冲突，实现司法资源配置的最大合理化。附带民事诉讼制度与刑事和解制度就如同宫、商两音阶，只有宫、商两音阶的协调，才能在刑事诉讼领域内奏出喤喤盈耳之音。

（一）附带民事调解与刑事和解程序的合并

调解程序不仅仅是解决附带民事诉讼（审判）中要求解决的经济赔偿问题，就如《关于贯彻宽严相济刑事政策若干意见》第41条规定，在刑事案件中，对于对附带民事诉讼调解能发挥积极影响的因素，应尽可能掌握，努力促进双方当事人和解，以更好地落实宽严相济的刑事政策，努力做到案结事了。在附带民事诉讼中，应当团结各方主体的力量，对双方当事人的调解工作进行协调与促进，尽可能使双方当事人达成调解协议，获取被害人一方的谅解，缓解犯罪嫌疑人、被告人与被害人的矛盾，修复因犯罪行为破坏

的社会关系。在司法实践中，调解程序的赔偿早已超出了物质损失的范围，已经同和解程序中一样，赔偿范围已经延伸至精神损害赔偿。同时，调解程序也实现了和解程序所要达到的目的——恢复正义。

既然在相关的规范以及司法实践中，并未对刑事和解与附带民事调解程序加以区别对待，并且两个程序已经趋于相同化，那么在刑事诉讼中分别设立附带民事调解程序和刑事和解程序是否有其必要性？由于现阶段附带民事调解程序与刑事和解程序在案件适用范围上存在很大的差异，和解程序的适用范围明显小于调解程序。如若在此情形下直接将附带民事诉讼调解程序与刑事和解程序合并，即将调解程序并入、归类于刑事和解程序当中，这将会导致现阶段立法所规定的和解适用案件范围外的案件失去进行调解程序的机会。在当今的中国，深入贯彻宽严相济的刑事政策，构建和谐社会已成为国家和社会关注的重点，在司法实务中，刑事和解制度的范围限制似乎并没有发挥其应有的作用，许多案件已经突破其限制。由此可以猜测，未来的修法方向可能是对刑事和解适用范围的放宽。[①] 当我国刑事诉讼法将刑事和解适用范围扩大到等同于附带民事调解适用范围时，可将调解程序从附带民事诉讼程序中剥离，归入刑事和解程序中。[②] 对于刑事案件中民事责任的处理分为两条线，一是对于适用附带民事诉讼的，由法官根据客观存在的物质、精神损害事实依法进行裁判；二是对于有认罪、悔罪表现的可以适用刑事和解程序（包括附带民事调解）。

（二）发挥人民调解员、案外非专业人士作用

诉讼调解制度是我国现行民事诉讼中的一项重要制度，我国的民事调解文化源远流长，运用调解的手段解决纠纷由来已久，在西周时期的铜器铭文中就记载了不少调解的案例。[③] 纵观古今运用调解方式解决问题是我国一以贯之的做法，孔子曾说“听讼，吾犹人也，必也使无讼乎”，调解是中国古

---

① 陈卫东，程晓璐：《当事人和解的公诉案件诉讼程序配套规定之评析与建议》，载《中国刑事法杂志》2013 年第 7 期。

② 李莉：《刑事和解与刑事附带民事诉讼制度比较研究》，中国政法大学 2014 年硕士学位论文。

③ 杨贝：《附带民事诉讼制度研究与实务》，中国政法大学出版社 2014 年版，第 218 页。

代化解纠纷、追求无讼的主要方式。调解对于当事人之间矛盾的化解、社会秩序的恢复以及被害人及时获得经济损害赔偿，确实发挥着重要的作用。在宽严相济的刑事政策和刑事司法轻刑化运动的影响下，附带民事诉讼调解以及刑事和解制度备受关注。根据《高检规则》第496条的规定以及《高法解释》第587条第2款的规定，在刑事案件中，双方当事人达成和解，既可以是自主自愿的，也可以是在相关主体如人民调解委员会、村民委员会、居民委员会等，组织或调解后达成的。在刑事和解程序以及附带民事调解程序中应当发挥多元化调解主体的作用，注重调解技巧的灵活运用。

1. 案外非专业人士协助调解

在我国附带民事调解以及刑事和解程序中充当"调解人"这一角色的主要是公、检、法三机关人员。不可否认在这种具有很强的法律知识专业人士的主持调解有其不可替代的优势，但是由于公、检、法三机关的职权特殊性以及专业人士的调解存在一定弊端，如专业人士逻辑思维的固化，容易造成对调解双方当事人的思想强迫；专业人士在调解上的积极性、热情度不高等。案外非专业人士在调解人角色越来越受人青睐，这种案外人协助调解的方式其实在各国调解制度中是都有所体现的。20世纪60—70年代，美国爆发了轰轰烈烈的民权运动，并从两个方面助推了调解制度的发展。[①] 其中一个结果便是"邻里正义中心"以及各种更加本地化的社区纠纷解决中心得到资金投入和支持。在调解主体上，我们可以吸纳当事人的近亲属，自身所在单位、组织的人员以及相关社会团体组织协助参与。我们可以利用协助调解人来减轻、软化加害方与被害方之间激烈的对抗情绪，同时通过协助调解人这种自身的特性弥补专业调解人的不足，使得当事人双方更易达成调解协议，以及在内心认同调解协议的效力。

2. 人民调解员的调解

中国古代就存在着民间调解与半官半民的调解，而人民调解制度是在其基础上加以调整改造的，不仅对纠纷本身的事实情况进行调解，同时也将具有较高的社会普遍认可度的情理和法律也纳入调解考虑的范围，一来有利于

---

① 肖建华，杨兵：《对抗制与调解制度的冲突与融合——美国调解制度对我国的启示》，载《比较法研究》2006年第4期。

民间纠纷的调解完成制度化改造；二来也更能体现出调解的权威性。[①] 人民调解员在解决纠纷中既以法律为依据，更多的情形下是依据相关的道德、习俗、情理、习惯等非正式性的法律规范进行调解。人民调解员调解这种调解形式相较于公、检、法机关调解有以下几处优势：其一，公、检、法机关人员的专业素养与习惯性逻辑限制了他们的调解能力，相较与此，人民调解员才是真正具有“调解合格证”的专业人士；其二，在司法实践中存在这样的一种现象，即人民对政府机关人员存在排斥与不信任的心理，在这种情形下如若由公、检、法人员主持调解很有可能会降低调解的成功率；其三，人民调解员主持的调解在解决纠纷的同时也起到对社会所欠缺的互助合作、礼让和尊重意识等进行道德培养的作用。人民调解员的调解效果如何取决于一个非常重要的因素，即人民调解员的能力问题。我国虽然已经明确规定了对人民调解员需要进行培训，但是以往的培训理念与模式存在着一定的问题，主要的培训内容是法律法规与调解制度的讲授。我们在调解员的培训中应当更加关注加强对调解员的技巧、伦理道德与心理学知识等的培训。

3. 调解技巧的灵活运用

在我国附带民事诉讼中对于调解的适用范围，法律上是没有限制的，其中就会存在一部分对被害人伤害较大，双方矛盾比较激烈的案件，可想而知，在这样的案件中想通过快速、一次性的当庭调解来完成对问题的解决难度不可谓不大。元人张养浩在《为政忠告》中曾强调：“亲族相讼，宜徐而不易急，宜宽而不宜猛。徐则或悟其非，猛则益滋其恶。第下其里中开论之，斯得体矣。”在处理上述案件中，我们就可以学习中国古人化解纠纷的智慧。在解决这种双方当事人对抗性激烈的案件中，我们应当遵循“宜徐、宜宽”的技巧原则。“宜徐”是指在纠纷的解决中，因双方的情绪过于激动，一时难以调和，放慢或者是暂时停止调解工作，让双方的愤慨情绪交由时间淡化，给予双方充分的时间冷静思考是非对错、利益得失。“宜宽”是指在纠纷的解决中调解员应当做好双方的心理建设，让双方在心平气和的调解环境下追求各自的合作与妥协，强调双方在调解中不宜咄咄逼人、互不退让、过于苛刻。宜徐、宜宽的原则其实是要求调解员在调解中应当有耐心，

---

① 曾宪义：《关于中国传统调解制度的若干问题的研究》，载《中国法学》2009年第4期。

用心观察双方举措，通过反复的调解，运用巧妙的技巧，最终帮助对立当事人双方架起和平沟通的桥梁。

（三）建立多元化的和解方式

对于刑事和解的方式不应当作出太多限制。在法律与道德的范围内，无论是什么样的方式，只要能顺利使双方当事人成功进行刑事和解，达成和解协议就应进行尝试。赔偿损失只是刑事和解的方式之一，除此之外，还应当发掘更多的和解方式。① 从目前我国司法实践的实际情况来看，在我国适用刑事和解的绝大多数案件中基本上都是通过向被害人一方赔偿经济损失这种单一化的刑事和解方式来完成和解。而这种较为单一的方式也容易致使广大民众产生：刑事和解是富人“花钱买刑”和“花钱减刑”的曲解，让刑事和解制度也颇受诟病。广大民众对该制度的误解与偏见，使得刑事和解制度的价值难以得到发现与认可，也使得刑事和解制度的进一步推进变得十分艰难。为了推动刑事和解制度的发展，必须建立多元化的刑事和解方式，这也是维系刑事和解制度生命力的必然要求。

1. 建立以经济赔偿为主导、赔礼道歉为必要的多元化刑事和解方式

在刑事诉讼中，在各国调解、刑事和解中，物质经济赔偿是其采取的主要纠纷解决方式。经过各国司法实践的检验，该和解方式已获得广泛的认可。② 许多的法律制度产生积极作用的同时，也会带来一定的负面影响，刑事和解的经济赔偿方式确实产生了一定的负面影响，但是，不能以此而否定经济赔偿在刑事和解中的决定性积极作用。经济赔偿方式之所以在刑事和解中独占鳌头，那是因为经济赔偿是最为直接且最为有效弥补被害人损害的方式，同时，通过经济赔偿的方式也能体现出被追诉人的真诚悔罪态度。但经济赔偿确实带来了“花钱买刑”或“花钱减刑”的诉讼不公平的负面影响，所以在运用经济赔偿方式时，我们要注意权衡加害人罪行以及主观恶性的严重程度与被害人的接受程度，同时也要考虑当事人双方的实际经济情况，防

① 陈卫东，汪建成，宋英辉：《专家访谈：刑事和解的理论探讨》，载《中国检察官》2009 年第 1 期。

② 王志祥：《刑事和解制度的多维探究》，北京师范大学出版社 2013 年版，第 167—168 页。

止在赔偿上的形而上学而导致和解协议难以达成，以及赔偿上差距过大造成广大民众对和解制度的曲解与不信任。同时，我们还应该通过对相关制度的建设与完善来降低或避免这种负面效应。

正如王泽鉴教授所言，基于中国的传统观念和当前社会需要的考虑，将赔礼道歉作为承担民事责任的方式之一，并进行明文规定是很有必要的。① 中国有着深厚的赔礼道歉基础，不仅在民事法律中需要规定赔礼道歉，刑事法律中同样要注重赔礼道歉这一极具“中国元素”的法律责任方式。在英国，虽然法院不得命加害人为谢罪广告或撤回、取消陈述的广告，但如侵权人主动为此行为时，便得作为减轻损害赔偿的事由。在美国的刑事诉讼中，道歉常常会导致减刑；而在名誉权诉讼中，道歉则能导致损害赔偿金的减少。赔礼道歉虽然极具“中国元素”，但是，赔礼道歉作为一种责任方式在世界上已经蔚然成风。赔礼道歉是加害人向被害人真诚悔改，求得其谅解必不可少的一种方式。作为“润滑剂”的赔礼道歉可为受害人的愤怒与宽恕以及加害人认错与致歉提供空间，有利于促成和解，化解矛盾。② 赔礼道歉是双方当事人互相理解、谅解的催化剂，对于被害人修复过往经历造成的情感伤害极为重要，赔礼道歉应当且必然成为刑事和解中的必要方式。

2. 建立物质性与精神性双向的刑事和解方式

物质性的刑事和解方式主要是由加害人一方为了弥补因犯罪行为造成的被害人物质损失，而对被害人进行物质上直接赔偿的一种和解方式。主要包括经济赔偿、劳务补偿、恢复原状等。经济赔偿是指加害人向被害人一方交付一定的金钱或者是事物以此来弥补被害人因犯罪行为而遭受到的损失的一种和解方式。劳务补偿是指加害人向被害人提供一定的劳动服务以此来抵消被害人因犯罪行为而造成的损失的一种和解方式。劳务补偿方式在和解制度中的运用有利打破人们对刑事和解制度的成见，通过劳务补偿方式达成和解的，解决了加害人因经济能力有限，而无法给被害人一方提供相应的经济赔偿这一困境。在刑事和解制度中，劳务补偿方式实际上发挥了减少各加害人

---

① 王泽鉴：《人格权法：法释义学、比较法、案例研究》，北京大学出版社 2012 年版，第 528 页。

② 黄忠：《一个被遗忘的“东方经验”——再论赔礼道歉的法律化》，载《政法论坛》2015 年第 4 期。

因经济能力的差距而陷入不能享受和解待遇的不公平现象。恢复原状是指加害人使被侵害的权利等恢复到犯罪行为未发生前的状态的一种和解方式。在司法实践中，通过恢复原状的方式达成和解的案件主要集中于那些直接或间接的侵犯财产利益的案件。① 物质性的和解方式是现阶段我国刑事和解司法实践中最主要采用的方式。

精神性的刑事和解方式的主要目的是通过此类方式搭建当事人双方沟通、交流、协商的平台，建立更能直接反映加害方真诚悔罪的方式，从心理上对被害人的伤害进行根本性抚慰，使双方当事人在内心深处取得谅解，更好地实现刑事和解制度设置的应有目的——修复加害人与被害人因犯罪行为而遭受破坏的和睦关系，以及使当事人双方正常的复归社会等。现阶段我国的司法实践中，对精神性的刑事和解方式的重视程度是远远不够的。精神性的刑事和解方式包括：赔礼道歉、恢复名誉、消除影响、社区服务与提供服务等。与物质性的刑事和解方式的直接针对性不同，精神性的刑事和解方式有直接和间接之分，如社区服务就是强制要求加害人参加社会公益活动，间接地对加害人进行精神性补偿。为保障精神性的刑事和解方式有效发挥其作用，那么我们必须保障当事人之间必要的协商会谈，只有在当事人双方相互倾诉、发泄、释放这种互动模式下，才能使和解的双方主体互相谅解。随着社会的发展与进步，人们对物质与精神上重视程度必将发生变化，精神性的刑事和解方式将会越来越重要。

（四）明确和解协议的效力

刑事和解程序目的的最终实现是以双方当事人达成刑事和解协议为基础，将刑事和解协议的效力明确化才能更好地保障当事人的权利以及给双方当事人提供一个明确的参考前提，同时为当事人是否选择刑事和解程序提供一定的标准。我们应当从以下几个方面对刑事和解协议的效力进行明确。

1. 和解协议的效力始于被告人即时履行

关于我国和解协议生效时间的规定，可以参照我国民事合同法的规定，和解协议自双方当事人签名之日起生效。在原则上刑事和解的生效是要求在犯罪嫌疑人、被告人已经完全履行了和解协议约定的赔礼道歉、赔偿损失等

① 宋英辉：《刑事和解制度研究》，北京大学出版社2011年版，第190—191页。

内容之后才签署和解协议。但是如果犯罪嫌疑人、被告人确有困难，在征得被害人的同意，并愿意提供有效担保的情况下，可以对赔偿款进行分期履行。犯罪嫌疑人、被告人的即时履行是和解协议生效的必要条件。和解协议应当在即时履行后产生效力，这是因为我国《刑事诉讼法》第 290 条明确规定了和解是法定的量刑从宽情节，法官一旦决定对被告人从宽处罚，那么就必须是确立在有确定的从宽量刑情节的基础上的，如若不确定，基于既判力的原则，在法院作出从宽处理后，被害人的合法权益就难以得到切实的保障。这样不仅被害人的权利遭到损失，同时，司法权威也遭到犯罪人的戏弄。在刑事和解中，如果和解协议可以即时完成履行，对公安司法机关修复因犯罪行为破坏的社会关系，缓解社会矛盾也能产生积极作用。在审前达成和解协议的案件，如果犯罪嫌疑人、被告人已经即时履行，满足了被害人的需求，就能避免被害人在审判阶段又提起附带民事诉讼，造成重复劳动，加重审判阶段的压力。①

2. 和解协议履行后阻却附带民事诉讼的受理

根据司法解释的规定，在审前阶段，犯罪嫌疑人、被告人已经与被害人成功和解并完成履行后，在审判阶段，除了有证据证明和解违反自愿、合法原则的情况，法院对于被害人一方再提起的附带民事诉讼将不予受理。对于在侦查、审查起诉阶段已经达成和解协议并即时履行的，又提起附带民事诉讼的，人民法院能否受理是具有不同意见的，司法解释中坚持不予受理的理由是：和解协议是在双方自愿且合法的前提下达成的，也就是说刑事和解程序的进行以及和解协议的达成是当事人程序选择的结果，当事人应当为自己的选择承担责任。和解协议达成与对方当事人履行后被害人又再次就同一事实而提起附带民事诉讼违背了诚实信用原则。被害人的这种反悔不仅会伤害到加害人，不利于双方当事人矛盾的化解，也在一定程度上会影响公、检、法工作人员主持和解的积极性，同时不利于案件的迅速解决，影响诉讼的效率。

3. 和解协议在诉讼各阶段的法律效力

在侦查阶段进行刑事和解的，有利于及时化解双方当事人之间的矛盾，

---

① 江必新：《最高人民法院关于适用〈中华人民共和国刑事诉讼法的解释〉理解与适用》，中国法制出版社 2013 年版，第 421 页。

以及减少审前羁押、防止超期羁押等侵害犯罪嫌疑人合法权益的现象。在侦查阶段，如果双方当事人达成和解协议，则公安机关可以根据案件基本情况，向检察机关提出从宽处理的建议，但是公安机关不能因为双方达成和解协议而作出撤销案件的决定。① 在刑事诉讼法正式对刑事和解制度作出规定以前，刑事和解制度在试点中，对于轻微刑事案件当事人成功和解的，公安机关是有权撤销案件的。我国立法明确公安机关只能根据刑事和解协议向检察机关提出从宽处理的意见，排除了公安机关根据和解协议作出撤销案件的权力。

在审查起诉阶段双方当事人达成和解协议的，可能会出产生以下几种情形：其一，侦查阶段如若采取的是羁押性强制措施，检察人员可以以和解协议达成为考量因素依法对被告人变更强制措施，改为采取非羁押性的强制措施。其二，在审查起诉阶段，如果犯罪嫌疑人、被告人与被害人成功进行刑事和解的，人民检察院可以根据具体案情与犯罪嫌疑人、被告人的表现来判断应当作出何种处理，对于犯罪情节轻微，不需要判处刑罚的，可以决定不起诉。其三，对于综合案情来看，提起公诉更为适宜的案件应当提起公诉，并在提出量刑建议时建议对其从宽处理。

双方当事人达成和解协议的，人民法院可以依法对被告人从宽处理，根据最高人民法院的司法解释的规定，在量刑上的从宽处理主要表现为以下几种情形：一是人民法院应当对被告人从轻处罚，如果被告人与被害人成功进行刑事和解，则说明被告人具有认罪悔罪的良好态度，并对被害人进行弥补，获得了被害人的谅解等法定从轻情形，出于对刑事和解适用的鼓励，当事人双方达成和解协议的，被告人应当被从轻处罚确实有一定的正当性；二是对于综合全案案情，应当适用非监禁刑的案件，则对其作出相应判决；三是对于判处法定最低刑仍然过重的案件，可以对该被告人减轻处罚；四是该案件的被告人因犯罪情节轻微而不需要判处刑罚的，可以免除其刑事处罚。对于最高人民法院的司法解释的前两种从宽的表现中“应当”这一词的说法是备受争议的，这里“应当”之意违背了刑事诉讼法的“可以”之意。其实“应当”不必然就要理解为“必须”的意思，在我们日常用语中，“应当”其实在很多时候是表达一种强烈倡导的意思，为了法律与司法解释的

① 朗胜：《中华人民共和国刑事诉讼法释义》，法律出版社 2012 年版，第 611 页。

统一，最高人民法院的司法解释此处的“应当”理应解释为是对“可以”程度上的加深。

（五）律师作用的有效发挥

律师独立、充分地行使其权利是一个国家司法文明的象征，一个国家对于律师的尊重，以及律师的作用在诉讼中能够有效、全面地发挥是在一定程度上反映了该国法治的建设情况良好。在附带民事诉讼与刑事和解制度中有效发挥律师应有的作用，更有利于两个制度的自身功能发挥以及持续发展。

1. 律师在附带民事诉讼中的角色

根据我国《刑事诉讼法》第 103 条的规定，在附带民事诉讼案件中，人民法院可以进行调解，无法调解的应当根据被害人的实际物质损失正确裁判。根据此条规定我们可以看出，在解决附带民事诉讼案件时既可以通过判决、裁定解决，也可以凭借调解来解决纠纷。所以，律师在附带民事诉讼中的角色应当分两种情形讨论，其一是指律师在附带民事诉讼判决、裁定中的角色与作用，在这种情形下就是我们通常讨论的在诉讼中辩护律师的作用，主要表现为在三个方面的作用：法律意见的提供者、法庭辩护的践行者以及合法权利的守卫者；其二是指律师在附带民事诉讼调解中的角色与作用，由于其具有一定的特殊性①，为此处重点讨论之处。

在实践中，由于双方当事人利益冲突、对抗性明显，人们对于律师具有很强的依赖性，而律师的介入，增加了诉讼中调解的难度，因为律师的参与往往增加了双方的对抗程度，而使得亲情、隐私等因素淡化，当事人甚至把请律师作为增加对峙实力的武器之一；而且毋庸置疑的是，律师在判决和调解中的收益不同，而律师费用也是刺激当事人期待诉讼高回报的因素之一。② 实践证明，律师将其在对抗式模式下解决纠纷的思维惯性移入合作司法模式中，这种做法是失之偏颇的。在附带民事调解中律师应当进行角色的

---

① 我们现阶段大多数学者谈论律师都是在对抗式司法模式大背景下进行的，基于控辩平等原则、权力制约原则，我们需要律师这一角色在刑事诉讼中充分发挥其“辩护人”的作用。但是，在调解、和解等这种合作性司法模式下，律师的作用发生了巧妙的转变，是具有特殊性的。

② 范愉：《调解的重构（上）——以法院调解的改革为重点》，载《法制与社会发展》2004 年第 2 期。

转化，同时还要转变公众的思维。在调解这种合作性司法模式中，律师更重要的作用是充当沟通者、引导者、同时也兼具信息提供者、利益促进者的功能。在这一过程中，律师充当的是当事人的代理人这一角色，与辩护人具有独立性不同，律师在调解中是依附于当事人的，不具有独立性。

2. 律师在刑事和解中的角色

第一，作为和解程序的启动者与引导者。在我国刑事和解制度中律师的作用是尤为明显且十分重要的。由于加害人与被害人双方普遍缺乏法律专业知识，并且在双方情绪激动、对抗冲突性明显的情形下，往往是不会主动想到或者提出和解。此时，律师的出现有利于促成刑事和解程序的启动以及为双方当事人提供必要的、有效的法律咨询，引导双方在知情的、有序的情形下展开和解工作。在和解中律师就犹如一座桥梁，能有效地联通当事人双方有效沟通协商。

第二，作为辩护人、代理人角色。在刑事和解程序中，律师可以通过作为加害人或者被害人的辩护人、代理人参加到刑事和解程序中，并在其中产生积极、有效的作用。与在普通诉讼程序中的作用不同，在和解程序中律师作为辩护人、代理人的权利有更明显的依附性，权利范围局限于对加害人、被害人的协助性工作。① 辩护人、代理人的行使职责是以双方当事人自愿协商达成和解协议为依托，律师不能仅凭自身意愿独立的与对方当事人自行达成和解协议。

在美国，宪法上明确规定了被告人享有律师协助的权利，作为刑事案件中的法律职业服务者，辩护律师在西方合作式司法中发挥着重要的作用。如美国85%至90%的刑事案件都是通过辩诉交易解决的，辩诉交易通常就是由检察官与律师完成。如上文所述，在我国的刑事和解中律师的自主性是受到限制的，但是，在刑事和解程序中辩护律师也将发挥其主观能动性，即律师使出浑身解数尽可能地引导当事人达成和解。因为根据我国刑事诉讼法的规定，刑事和解协议的达成可以成为被告人法定从宽的情节，当刑事案件进入到审判程序，和解协议可以作为庭审时有利于被告人的有效量刑辩护情节。在刑事和解中辩护律师不再是像在普通诉讼中一样，与对方进行针锋相对、气势凌人的对抗与争论，而是在以维护己方当事人权益基础上，与双方

① 赵运恒：《律师在刑事和解中的角色》，载《中国刑事法杂志》2012年第3期。

当事人进行积极的沟通与游说。同时，在刑事和解程序启动前辩护人就承担着一项义务，即辩护律师应当详尽地告知被告人认罪后所产生的法律后果等事项。

在刑事和解程序中，被害人是可以聘请律师作为其代理人的，主要的作用是代理被害人同加害方进行和解协商。在实践中，可能会出现被害方代理律师使得和解的难度增加，致使双方矛盾加剧，和解协议无法达成。在和解程序中代理律师一方面既要成为被害人合法利益的守护者，另一方面也要考虑上文调解技巧中提到的“宜徐、宜宽”原则。

（六）强制措施的合理适用

强制措施是一种尤为古老的诉讼制度，对于任何一个国家在正常追诉犯罪过程中，都是不可或缺的。从公元前 5 世纪古罗马的《十二铜表法》和同时期我国李悝编著的《法经》，到现代法治国家的刑事诉讼法典或其他相关的单行法规，都有关于强制措施的规定。[①] 强制措施是指国家司法机关为了确保诉讼的正常顺利进行，而对被追诉人采取的限制或剥夺其人身自由的强制手段。强制措施在保障诉讼活动顺利进行方面确实发挥了不可磨灭的作用，但是，强制措施的适用就意味着国家权力与公民基本权利之间的抵触，同时，强制措施的不恰当适用，会与我们当下十分注重的保障人权原则发生冲突。根据相关国际准则的规定，其也明确强调对于强制措施的适用应当保持谨慎，避免非法或不合理的适用强制措施。所以，在我国附带民事诉讼与刑事和解程序中，根据程序的自身特殊性，要注意合理的适用刑事强制措施。

我国羁押性强制措施适用率之所以居高不下，是因为许多司法工作人员，只要符合“有证据证明有犯罪事实，可能判处有期徒刑以上刑罚”的情形，就予以逮捕。[②] 并且在我国现行司法实践中，并没有对轻罪案件与重罪案件在审前羁押上进行一定的区别，举两个案件进行比较。在曹某盗窃案中，曹某被法院判处拘役 5 个月，其于 2004 年 5 月 16 日被刑事拘留，同年 9 月 23 日获判，审前羁押的天数为 130 天。在崔某绑架、强奸案中，崔某

① 孙长永：《比较法视野中的刑事强制措施》，载《法学研究》2005 年第 1 期。

② 葛琳：《刑事和解研究》，中华人民公安大学出版社 2008 年版，第 342 页。

被法院判处19年有期徒刑，其于2004年12月18日获判，审前羁押的天数为134天，仅比曹某多4天。① 这种现象的出现与我国侦控机关片面地适用逮捕强制措施以此进行审前羁押，剥夺被追诉人人身自由以获得诉讼顺利进行的功利思想密切相关。在适用附带民事诉讼调解与刑事和解的轻罪案件中，我们应当考虑到这一类案件的特殊性，慎重适用羁押性的强制措施。

在达成附带民事诉讼调解与刑事和解的案件中有共同的特点是加害人已经进行了真诚的悔罪并且为了取得被害人的谅解积极地履行相关责任义务。调解协议、和解协议达成这一过程，就能显现出加害人的人身危险性、再次社会危害性已经很大程度上减弱了，并且经过调解、和解这一过程的沟通与矛盾的化解，被害人逃避侦查、起诉和审判的可能性已经不大。我国法律未对附带民事诉讼调解的案件范围进行限制，如在故意杀人、强奸等社会危险性极大的案件中也可以适用调解，所以在附带民事诉讼的调解中，我们应当区别不同情况，在附带民事诉讼轻罪案件中，达成调解的我们应当尽量地少用羁押性的强制措施，如若在社会危险性极大的案件中，即使达成了附带民事调解，可能依旧需要采取羁押性的强制措施。

我国现阶段刑事和解的案件范围限制相对严格，主要适用于二大类案件：一是因民间纠纷引起的轻微刑事案件；二是除渎职罪以外的可能判处7年有期徒刑以下的过失犯罪案件。从中可以看出，在现阶段，刑事和解案件中犯罪嫌疑人、被告人社会危险性不大，对于达成刑事和解的案件，应当对犯罪嫌疑人慎用羁押性的强制措施，如若这种情况下以及附带民事诉讼轻罪案件达成调解的情形下依旧机械式的一律采取羁押性强制措施，不仅不符合刑事诉讼法关于强制措施的立法精神，也不利于犯罪嫌疑人的教育感化。以审慎的态度适用羁押性的强制措施一方面不仅有利于保障公民人身自由免受国家权力不当和恣意侵犯，另一方面也节约了采取羁押性强制措施所耗费的司法资源。所以，对于达成调解的轻罪案件和达成和解的案件，如若调解、和解协议达成前采取的是羁押性强制措施，协议达成后，侦查机关应当依法变更强制措施。

---

① 艾建国，闫俊瑛：《和谐视野中的审查逮捕机制优化——轻刑公诉案件中逮捕适用情况的调查分析》，载《人民检察》2006年第2期。

（七）刑事追赃的程序完善

刑事追赃是指，在刑事案件中，对于犯罪行为人以非法手段获得的财产与其他经济利益，国家司法机关应当依法追回，而后返还受害人或者予以没收的司法行为。根据我国《刑法》第64条的规定，对于犯罪分子违法所得的一切财物，应当予以追缴或者责令退赔，及时返还被害人的合法财产，没收违禁品和供犯罪所用的本人财物。与附带民事诉讼、刑事和解制度相比，刑事追赃程序是司法机关主动的诉讼行为，是司法机关利用国家强权对犯罪分子非法侵占的他人财产予以追讨、剥夺的诉讼活动，是国家主动地在刑事犯罪中保障国家、社会、被害人物质财富。

刑事追赃程序其实在一定程度上是起到了分担、解决附带民事诉讼、刑事和解程序中民事侵权损害赔偿问题的作用。特别是在附带民事诉讼案件上，由于我国现行附带民事诉讼中适用的是“先刑后民”模式，即被害人必须在刑事定罪量刑程序结束后才能提起附带民事诉讼或单独的民事诉讼，这也就意味着在附带民事诉讼或者另行提起民事诉讼中不存在缺席判决的情形，如果犯罪嫌疑人逃匿、死亡的，那么被害人的民事权益将无法得到保障。刑事追赃程序有利于被害人在短时间内尽快地挽回其因犯罪行为而遭受到的直接经济损失。刑事追赃程序有利于最大限度地降低被害人物质损失，保障附带民事诉讼与刑事和解的目的——弥补被害人因犯罪行为遭受的物质与精神损害的实现，同时也有利于促进民事调解与刑事和解协议的达成。

在我国司法实践中，对于刑事追赃制度的重视远远不够，在刑事诉讼中打击犯罪从始至终都占据重要地位，对于刑事追赃工作缺乏关注与了解。司法机关长此以往的懈怠，使得复杂的追赃工作暴露了很多问题。为了进一步切实发挥刑事追赃程序的实际作用，我们应当从以下几个方面来完善该程序。

1. 明确刑事追赃主体在刑事追赃中的义务

刑事追赃程序贯穿于整个刑事诉讼的始终，刑事追赃的主体主要由侦查机关或审判机关承担。在刑事诉讼的不同阶段，刑事追赃的法律性质不尽相同。在侦查阶段，追赃是一种刑事强制措施、财产保全措施；在审判阶段，追赃是一种权利救济措施、非刑罚处置措施。① 侦查机关在刑事追赃活动承担着很大的责任，侦查机关最早接触案件事实，因此可以从相关事实中最先获得追赃的线索，侦查机关可以及时采取强制措施或者查封、扣押、冻结等侦查措施进行追缴，防止损害出现。审判阶段依旧是刑事追赃的关键阶段，如若在侦查、起诉时期，未完成刑事追赃义务，法院则成为追回赃款赃物的关键屏障。法院对侦查机关决定的查封、扣押、冻结的赃款赃物有最终的处置权，同时也具有继续追缴的决定权。

2. 完善犯罪嫌疑人、被告人逃匿、死亡案件缺席审判

我国除了在2012年《刑事诉讼法》犯罪嫌疑人、被告人逃匿、死亡案件违法所得没收程序中运用了缺席判决，缺席审判制度在我国长期以来未被确立，西方各国对于缺席审判的适用也是十分审慎的。缺席审判有剥夺了被告人程序参与权，不利保障被告人的人权等弊端。任何人不得基于违法行为获得利益，在司法实践中，往往会出现某些特殊情形。一方面，因当事人的无法到案导致案件无法进入审判程序或令法院作出有罪判决，另一方面，有关部门又必须对涉案款物进行没收、发还或者做其他处分，避免其一直处于法律上的不确定状态②，并且在一些重大案件中，如在贪污贿赂犯罪、恐怖活动等犯罪案件中，如若不通过缺席判决进行全面、彻底的追赃，会造成国有资产的大量流失。在我国现行的刑事制度下，为了防止因刑事追赃的不利而造成国家和受害人的巨大的经济损失、鼓励和放纵犯罪以及损害法律的尊严，我们应当完善犯罪嫌疑人、被告人逃匿、死亡案件中在被告人缺席审判下对相关赃款赃物进行处置。2012年《刑事诉讼法》引入了犯罪嫌疑人、被告人逃匿、死亡案件违法所得没收程序已经给我们提供了缺席审判的一个可行的模板，由于该程序的特殊性，如没收是指强制收归国有并且其设立主要是用于打击腐败、恐怖活动犯罪，其立意在于对国有财产的保护。在这一种不经定罪而处置赃款赃物的缺席判决上，我们一定要严格限制适用案件的范围，这种缺席判决只能作为刑事诉讼中适用的例外。

① 徐强：《论我国刑事追赃制度》，对外经济贸易大学2007年硕士学位论文。

② 陈卫东：《论新〈刑事诉讼法〉中的判决前财产没收程序》，载《法学论坛》2012年第3期。

3. 引进民事没收制度

为了有效打击国际上普遍危害性的犯罪，如恐怖活动犯罪、毒品犯罪、跨国组织犯罪以及腐败犯罪等，联合国制定了一系列相应公约，如 2003 年《联合国反腐败公约》，这些公约中规定了在相关犯罪中各国合作财产没收措施。判决前的财产没收程序各国主要采取民事没收与刑事没收模式，采用民事没收模式的主要是英美法系国家。民事没收是指在对拟没收的财产采取扣押、冻结等保全措施后，主管机关应当向与该财产有利害关系的人发出通知或者公告，要求他们在一定期限提出并且证明有关的权利主张。民事没收相较于刑事没收有以下两个明显的优点：一是在民事没收中，没收措施不以犯罪嫌疑人的有罪判决为前提，而且公诉方的证明也不需要达到排除合理怀疑的标准，相较于刑事诉讼标准较低；二是用民事诉讼条款规定判决前的涉案财产没收程序，可以规避宪法中有关正当程序的基本要求，从而有力地打击贩毒、洗钱和其他犯罪。① 所以，对于这种判决前的财产没收的处理，我们可以学习英美法系国家，建立民事没收制度，公诉人或者是利害关系人可以通过附带民事诉讼或单独的民事诉讼中解决赃款赃物的没收或是损害赔偿问题。

① 陈卫东：《论新〈刑事诉讼法〉中的判决前财产没收程序》，载《法学论坛》2012 年第 3 期。

第六章　从宽处理

第一节　认罪认罚下的“从宽”

认罪认罚从宽制度试点以来，一直以宽严相济的刑事制度为方针。该制度是集实体法和程序法于一体的刑事法律制度。在对该制度的讨论过程中，既要结合实体法的具体规范，讨论其最终从宽处理的正当依据，也要根据程序法对效率与公正的平衡进行评估，结合制度的最终功能定位进行讨论。2018 年《刑事诉讼法》第 15 条是认罪认罚从宽制度中最基本的一条，规定了“认罪”，实质犯罪嫌疑人、被告人自愿如实供述自己所犯罪行，对公安司法机关指控的犯罪事实供认不讳。这种表现在实体法上主要体现为三种形态：自首、认罪和当庭认罪。①认罪认罚从宽制度下的“认罚”，在 2018 年《刑事诉讼法》第 15 条规定中，表现为“自愿接受处罚”。具体可表现为自愿、明知、明智地接受检察官提出的具体量刑建议，依法签订认罪认罚具结书，同时在审判阶段不反悔，不撤回认罪认罚，在整个刑事诉讼过程中不得实施逃避或者妨碍正常诉讼的行为。同时，最高人民法院发布的《量刑指导意见》也规定，犯罪嫌疑人、被害人“积极赔偿”或者达成“刑事和解”的，可以认定为认罪认罚的特殊表现，作为案件的酌定量刑情节。这一规定的目的是实行恢复性司法，使社会关系恢复，社会恢复安定和谐。根据 2018 年《刑事诉讼法》的相关规定，对于犯罪嫌疑人、被告人已经自愿认

① 其中，自首（准自首和特别自首在法定上“可以”从轻、减轻免除处罚的情节，坦白属于法定上“可以”从轻与减轻处罚的情节）。在最高人民法院《量刑指导意见》（2017 年版）中，“当庭认罪”在量刑考虑上，被规定为酌定的从轻处罚情节。

罪认罚的案件，检察机关可以建议人民法院依法对其适用速裁程序、简易程序或者普通程序，法院可以根据检察机关的建议，或者出于自身考虑，对案件进行简化审理。而且，人民法院在审理过程中，对检察机关指控的具体罪名和量刑建议“一般应当予以采纳”，并兑现从轻处理的结果。从认罪认罚从宽制度的功能定位来看，2018 年修订的《刑事诉讼法》中，认罪认罚从宽制度的规定，旨在通过引入协商性司法机制，对自愿认罪认罚的犯罪嫌疑人、被告人依法从宽处理，有效实现司法公正与司法效率的有机平衡，在有效惩治犯罪的前提下，积极保护人权，实现实体处理与程序运用之间的司法资源利用最大化。对于认罪认罚从宽制度中的从宽依据，笔者认为主要有以下三个方面的内容：

一是有效节约了国家司法资源。在向公安司法机关自愿认罪认罚后，犯罪嫌疑人、被告人减少了侦查、追诉和定罪量刑的难度，案件得以迅速侦查终结，移送起诉、提起公诉，公正审判。而且，对于认罪认罚从宽的案件，人民法院可以考虑适用速裁程序或简易程序，这种简便、快捷的诉讼程序，在有效降低国家司法资源投入和办案成本的同时，也免除了出庭作证的证人、被害人、鉴定人、办案人员等的负担。因此，对于犯罪嫌疑人、被告人自愿认罪认罚的，检察机关可以根据其认罪认罚的具体表现，即其认罪认罚是否具有主动性和全面性？态度是否一致稳定？公安司法机关的办案压力是否得到有效缓解等因素，提出从宽量刑的具体建议。具体审理后，人民法院判断被告人认罪认罚是在是否出于自愿、明智的前提下作出的，是不是真实合法的，在此基础上再作出从轻发落的判决。节约国家司法资源，这是我国现行司法实践中认罪认罚案件最终得到宽大处理的最主要依据。相比较而言，其他国家对于有意愿进行辩诉交易或协商处理的被告人，最终在量刑上予以减轻，也主要是基于这方面的考虑。

二是防范犯罪的必要性降低了。刑罚的目的在于预防犯罪，包括一般预防和特殊预防。从一般预防来看，对犯罪嫌疑人、被告人自愿认罪认罚的，应当从轻发落，鼓励其认真悔过，积极退赃、赔偿被害人损失，真诚赔礼道歉，有利于社会关系修复，抚慰被害人及其家属的怨恨情绪；同时，对犯罪嫌疑人、被告人在认罪认罚后从轻发落，也向全社会宣传了法制观念和规则意识，即只有认罪悔罪、肯遵纪守法的人才更值得宽恕，也达到了预防和减少全社会犯罪的可能。从特殊预防来看，犯罪嫌疑人、被告人认罪认罚，通常伴有悔罪表现，说明其重新犯罪的可能性降低，相对于无悔罪的被追诉人，其社会危险性一定有所降低，应当给予宽大处理。但在具体认罪、认罚从宽的案件中，应综合考虑犯罪嫌疑人、被告人特殊预防的必要性。如果犯罪嫌疑人、被告人认罪认罚不是出于真诚悔罪，仅表现为为减轻刑期或减轻负担，就不能说明其重新犯罪的可能性降低了。

三是减轻责任刑。根据我国《刑法》罪刑相适应原则的要求，即第5条的规定，刑法的轻重，应当与犯罪分子所犯罪行和所承担的刑事责任相适应。“犯罪的轻重应与量刑的宽严程度相吻合”，这里所谓的“罪”，是指责任。如果犯罪嫌疑人、被告人基于自愿认罪认罚，已经具有减轻其最终刑罚结果的情节，在具体审判过程中，人民法院应当从轻发落。同时，我国《刑法》第67条规定了“如实供述自己的罪行，以避免特别严重的后果”，《刑法》第383条、第386条规定了“提起公诉，如实供述罪行，真诚悔罪，积极退赃，避免和减少损害结果的发生”，对于贪污、受贿等特殊犯罪，均属于法定减轻量刑情节。只不过贪污、受贿这类特殊犯罪相对于普通的坦白交代要求更为严格：要求犯罪嫌疑人、被告人在被提起公诉前，应当同时具有如实供述自己罪行、真诚悔罪、积极退赃这三种行为，并且这些行为避免或减少了损害结果的发生。对认罪认罚案件的从宽处理，既是宽严相济刑事政策的体现，也是与犯罪基本原则相适应的要求。

一般而言，被追诉人的“认罚”情节符合上文提到的“节约国家司法资源”“减少预防犯罪的必要性”“减轻责任刑”三个从轻处罚的前提。但被追诉人“认罚”的情节，未必符合“减轻责任刑”的具体依据。在具体认罪认罚从宽的案件中，符合上述三个依据中的哪一个或哪几个，具体情况还需要具体判断。但是，从刑罚目的和罪刑相适应原则的要求来看，检察院和法院在具体案件的量刑建议和量刑裁判过程中，在考虑从宽处罚的正当理由时，应当按照减轻责任刑、减少预防犯罪的必要性、节约国家司法资源的顺序依次决定是否从宽处罚以及从宽处罚的幅度，轻易建议或者决定从宽处罚，不能脱离犯罪行为的社会危害性，不能脱离行为人的人身危险性。① 在这方面，美国的相关做法和经验对我们是有借鉴意义的。在美国的辩诉交易

① 孙长永：《认罪认罚案件“量刑从宽”若干问题探讨》，载《法律适用》2019年第13期。

制度中，法官在认真考虑被告人的有罪答辩的真实性、悔罪表现、刑罚目的、被害人利益以及被告人是否配合办案工作等因素后，再考虑是否在量刑时对被告人从宽等问题。而且，被告人是否积极配合往往是作为最后考虑的因素，不能仅凭被告人简单的有罪答辩就作出最终从宽处理。① 这一规定对于我国司法机关决定对认罪认罚的被追诉人是否可以从宽处罚、应当如何从宽处罚具有重要的借鉴作用。

从总体上来看，我国刑事法务方向语境中的“从宽”，表现形式多种多样。比如，在刑罚结果上的量刑减少、诉讼程序的简化，都可以理解为认罪认罚的“从轻发落”。将这些“从宽”的表现形式从程序和实体上进行分类，可以分为实体上的从宽和程序上的从宽两个方面。一方面，实体上的从宽主要表现为犯罪嫌疑人、被告人最终能够获得较为宽大的量刑结果，如检察机关根据犯罪嫌疑人、被告人认罪认罚的具体情况，建议法院对其从轻发落，而对于检察机关提出的量刑建议，法院“一般应当”予以采纳；另一方面，程序的宽泛主要体现在犯罪嫌疑人、被告人自愿认罪认罚后，能够获得更为便捷、快捷的程序处理，减少诉讼的产生，如对非羁押行为适用强制措施或适用简易、速裁程序等。需要强调的是，基于犯罪嫌疑人、被告人认罪认罚的诉讼阶段不同，其最终享有的从轻处理结果也会存在差异。在侦查阶段，犯罪嫌疑人自愿认罪认罚后，对其人身危险性的评估会有所降低，因而获得相对轻微、缓期刑事强制措施的可能性较大；检察机关在审查起诉阶段自愿认罪认罚的，根据案件的具体情况，有可能提出轻一点的量刑建议，甚至可以作出不起诉的决定；在审判阶段，人民法院在审查其认罪认罚的自愿性、知识性、明智性后，可能会对检察机关从轻发落的量刑建议予以采

---

① 例如，美国律师协会出台的《关于有罪答辩刑事司法标准》中，对于被告人的答辩形式作出了具体考虑：该文件规定，被告人作出有罪答辩或不争辩答辩的事实本身不应当单独被法庭作为量刑的一个从轻因素考虑。但如果与相关法律不相冲突，且有相当证据证明下列事项，法庭可以对作出有罪答辩或不争辩答辩的被告人同意或者批准给予指控减让或者量刑减让：（1）被告人真诚悔罪；并且表示愿意对自己的行为承担责任；（2）指控或量刑减让将使得替代性矫正措施成为可能，而这些替代性矫正措施更加适宜于实现矫正措施的保护、预防或者其他目的，或者将会防止定罪给被告人带来的过度伤害；（3）通过避免公开庭审，被告人已经向自己所犯罪行的被害人展示出真诚的歉意或体谅；（4）被告人已经提供或者同意提供合作。

纳，从而给予较为宽缓的刑事处罚。

一、实体法中的“从宽”

量刑结果的宽缓化，是认罪认罚后在实体法角度上“从轻发落”的主要表现。具体表现形式为刑法规定的从轻、减轻或免除处罚，也包括对非监禁刑判处实刑后适用缓刑和其他较轻、较缓的刑罚。刑罚观中刑罚正当化的原则，是实体结果走向“从宽”的依据。刑罚——作为最严厉的法律制裁措施，它的存在必然需要十分正当的依据才能为人们所了解，由此产生了“刑罚正当化依据”。所谓刑罚正当化的依据，也就是法律惩罚人的原因是什么呢？刑罚这一法律规定的最严厉的惩罚手段，其轻重宽严该如何分配，尺度该怎么把握，是立法和司法活动中永远不变的话题。从17世纪古典学派开始，法学理论界对刑罚观的认识更加成熟和稳定。随着社会的不断发展，稳定的刑罚观念也基本被运用到立法和司法活动中。从比较法的视角来看，各国和地区普遍采用“并轨主义”作为其刑罚依据。[①] 我国刑法学界关于刑罚理念的主流观点，也是以罪过相适应的基本原理为根本，辅之以个别化的刑罚并轨主义。

从实体法角度来说，犯罪嫌疑人、被告人“是否认罪”是“能否从宽”的前提。影响具体宽泛的因素主要有：认罪的程度、认罪的诉讼阶段、认罪的具体内容、反悔与否等。首先，在认罪的程度上，有些犯罪嫌疑人、被告人是主动真诚忏悔的，真正认识到了自己的错误，这种认罪是比较彻底的。也有一些犯罪嫌疑人、被告人是经过其辩护人、值班律师、近亲属或公安司法机关办案人员的劝说，在教育感化后认罪。还有一些犯罪嫌疑人、被告人认罪的目的只是为了减轻刑罚结果，而不是真心悔改。这种认罪相比较而言，认罪程度不够彻底，其人身危险性与认罪彻底的犯罪嫌疑人、被告人相比也有区别，这些情况在量刑时都要考虑。其次，在认罪的诉讼阶段，犯罪嫌疑人、被告人自愿认罪的时间不同，体现了其真诚悔过的时间早晚，认罪的时间早晚也会决定从宽幅度，这也体现在我国关于认罪认罚从宽的指导意见中。再次，在认罪的具体内容上，有的犯罪嫌疑人、被告人对公安司法机

① 所谓并轨主义，即刑罚一方面要与其应负的责任相适应，另一方面也应当考虑预防犯罪的需要，同时也有必要将恢复性司法的理念引入立法活动中。

关指控的所有犯罪事实、罪名均予以承认并无异议，有的犯罪嫌疑人、被告人可能只承认主要犯罪事实，或者有的犯罪嫌疑人、被告人虽然承认了犯罪事实，但对罪名有异议。有观点就说，对于只认定犯罪事实，而不认定罪名的情况，不应该认定为“认罪服法”。最后，犯罪嫌疑人、被告人是否反悔，也就是认罪的稳定性如何，也影响从宽幅度，甚至是否从轻发落。

逻辑顺延，在犯罪嫌疑人、被告人“认罪”后，应当考虑“从宽”幅度的问题。在《量刑指导意见》中，对不同的量刑情形分别规定了基准刑的调节比例。①不过，目前认罪认罚从宽案件中的“从宽”幅度还没有一个完全统一的标准，目前司法实务与理论界主要有调节基准刑 20%、30%、40%等几种观点。②

二、程序中的“从宽”

“程序就是惩罚。”被告人为何做认罪答辩，原因很多。有些是觉得作出的错误行为必须承认，他们认识到，既然定罪已成定局，就只能通过尽量减少诉讼，来缓解诉讼程序带来的紧张和不安。③《联合国未成年人司法最低标准规则》（又称《北京规则》）第 20 条规定“每起案件从一开始就要快速处理，不能有任何无谓的拖延”，可以说，简化程序也是一种从宽的表现形式，在整个诉讼程序过程中都有所体现。具体而言，主要包括以下五种情况。

（一）强制措施的适用相对宽缓化

根据刑事诉讼法相关规定，有证据证明有犯罪事实、可能判处有期徒刑

---

① 《量刑指导意见》分“自首”“坦白”“当庭认罪”三种不同的情形，分别规定调节基准刑的比例。其中规定自首可减少基准刑 40%以下，犯罪较轻的可减少基准刑 40%以上或免除处罚；如实供述的可减少基准刑 20%以下，如实供述司法机关未掌握的同种罪行的减少 10%—30%；如实供述避免严重后果发生的减少 30%—50%；当庭认罪的可减少基准刑 10%以下。

② 周新：《认罪认罚从宽制度试点的实践性反思》，载《当代法学》2018 年第 2 期；赵恒：《论量刑从宽——围绕认罪认罚从宽制度的分析》，载《中国刑事法杂志》2018 年第 4 期。

③ 马尔科姆·M. 菲利：《程序即是惩罚——基层刑事法院的案件处理》，魏晓娜译，中国政法大学出版社 2014 年版，第 11 页。

以上刑罚以及采取取保候审等非羁押性强制措施，尚不足以防止社会危险性，这是逮捕的三大条件。① 刑事诉讼法同时还规定，在批准或者决定逮捕的过程中，犯罪嫌疑人、被告人认罪认罚的情形应当作为其社会危险性大小的考虑因素。② 最高人民检察院于2015年10月9日联合公安部发布《关于逮捕社会危险性条件若干问题的规定》，对刑事诉讼法中有关“社会危险性”的情形予以细化。可见，有没有“社会危险性”，对于是否适用逮捕这种最严厉的强制措施至关重要。而且刑事诉讼法的规定也在提倡，对于认罪认罚的刑事案件，在适用强制措施方面要予以宽缓，也就是尽量适用非羁押性质的强制措施。立法者的观点其实也在此有所体现：宽大的强制措施，在认罪认罚案件发生后，也应当作为“宽大处理”的一部分，是“宽大”的具体内容和表现形式之一。这也具有一定积极意义：

第一，这是程序法独立价值的直接反映。《刑事诉讼法》作为一部程序法，除了保证刑罚正确执行的工具价值外，还具有作为程序法的自主价值。刑事诉讼法具有影响刑事实体法实现的职能，对于同一案件，适用的刑事程序不同，其所得出的刑事实体法的结果也可能存在差异。刑事强制措施是刑事诉讼活动的关键环节，其适用目的作为程序上的保障措施，主要在于确保依法、顺利地进行刑事诉讼活动。在司法实践中，犯罪嫌疑人、被告人被羁押与否，往往对法院最终的实体裁判会产生影响。如2015年全国捕后判处缓刑和没有判处有期徒刑以上刑罚案件的比例分别仅为8.4%和7.2%。③ 强制措施从宽处降低了对犯罪嫌疑人、被告人的羁押率，使法院在作出判决时，能够更多地从证据本身是否充分来衡量。

第二，这也是现代司法包容精神的直接反映。随着人类社会的不断发展，司法观念也有了新的发展。法治国家逐渐摒弃“以牙还牙、以眼还眼”式的残暴报复观念，转而更加强调司法的人道与包容精神。我国为建设法治国家提出实施宽严相济的刑事政策已有近十年的历史。认罪认罚从宽制度是宽严相济刑事政策的直接产物，2016年最高人民法院院长周强在向全国人

---

① 2018年《刑事诉讼法》第81条第1款。

② 2018年《刑事诉讼法》第81条第2款。

③ 黄河，赵学武：《侦查监督的现状、问题和发展方向》，载《人民检察》2016年第21期。

大常委会作说明时曾指出，认罪认罚从宽制度的必要性之一，就是要贯彻宽严相济刑事政策。从宽的强制措施是司法宽容精神的具体体现，犯罪嫌疑人、被告人自愿认罪认罚，公安司法机关依法对其适用非羁押性强制措施或变更羁押性强制措施，体现了对犯罪嫌疑人、被告人权益的充分尊重，同时也彰显了刑事追诉的人文关怀。

但曾有学者表示，所谓“强制措施从宽”的说法，不仅与实体法意义上的“宽缓刑罚”不符，与相关国际准则的立法精神也不相符。①

首先，犯罪嫌疑人、被告人认罪认罚只是社会危险性的考虑因素，并不具有批准或者决定逮捕的效力，“强制措施从宽”的说法与我国逮捕制度的立法精神并不相符。如上文所述，适用逮捕的条件是“有证据证明存在犯罪事实，可能判处徒刑以上刑罚，同时采取取保候审的办法，不足以防范社会危险性”。由此可见，犯罪嫌疑人、被告人所涉及的犯罪性质和犯罪情节，是适用逮捕制度的最主要考虑因素。在公安司法机关考虑了具体案件涉及的是什么类型的犯罪、导致了何种程度的损害后果，是否具有酌定量刑情节或法定量刑情节等具体情况后，才会进一步考虑犯罪嫌疑人、被告人是否自愿认罪认罚，是承认全部犯罪事实并对指控罪名无异议还是只承认部分犯罪事实，是否在明知与明智的状态下认罪认罚，是否适用统一的程序等。在实践中，公安司法机关办案人员只有综合考虑上述各种因素，对犯罪嫌疑人、被告人的社会危险性进行综合评估后，才会对其适用非羁押性强制措施。犯罪嫌疑人、被告人自愿认罪认罚，只是其社会危险性高与低的表现形式之一，对适用非羁押性强制措施不会产生直接的作用。这与将“认罪认罚”作为法定量刑从宽情节、根据认罪认罚情节从宽处理的情形有所区别。

其次，“强制措施从宽”并没有明显降低目前我国刑事实务中羁押率较高的情况。有学者认为，反对“强制措施从宽”的观点并未看到我国刑事诉讼实践过程中羁押性强制措施适用率过高的现实，将非羁押性强制措施作为认罪认罚宽限案件的宽限条件之一，这对于解决我国羁押率过高这一刑事司法“顽疾”是有利的。但从近几年的数据来看，将强制措施的严厉程度与认罪认罚从宽制度联系起来，并未解决我国羁押率过高这一现实问题。认罪认罚从宽制度自 2016 年 7 月开始在部分地区展开试点，对比前五年我国

① 孙长永：《认罪认罚从宽制度的基本内涵》，载《中国法学》2019 年第 3 期。

检察院批准、决定逮捕人数（2011 年 923510 人、2012 年 986056 人、2013 年 896403 人、2014 年 899297 人），2016 年我国批捕人数达到了近五年来的最低值。当年全国批准逮捕的犯罪嫌疑人为 842372 人，提起公诉 1440535 人，犯罪嫌疑人、被告人的逮捕羁押率为 58.5%。2017 年全国共有 18 个城市展开认罪认罚从宽制度试点工作，但全年我国犯罪嫌疑人、被告人的逮捕羁押人数不降反升，达到 1081545 人，而当年共提起公诉 1705772 人，犯罪嫌疑人、被告人逮捕羁押率为 63.4%，对比 2016 年增加 4.9%。2018 年检察院批准、决定逮捕人数为 1056616 人，提起公诉人数为 1692846 人，犯罪嫌疑人、被告人羁押率为 62.4%，对比 2016 年增加 3.9%。①在 2022 年第十三届全国人民代表大会第三次会议上，最高人民检察院检察长张军在向大会报告工作时表示，在 2019 年我国检察院批准逮捕各类犯罪嫌疑人 1088490 人，提起公诉 1818808 人，犯罪嫌疑人、被告人羁押率为 60.0%，相比 2016 年增加 1.5%。可见，认罪认罚从宽制度自 2016 年开始试点，但接下来三年我国犯罪嫌疑人、被告人逮捕羁押率相比 2016 年非但没有下降，反而有所增加。对未决羁押率过高的现实问题，要通过改革逮捕制度来根本解决，刑事诉讼过程中犯罪嫌疑人、被告人认罪认罚以获得所谓的“宽大的强制措施”，难以达到降低我国刑事羁押率的目的。

再次，“强制措施从宽”的说法与国际相关准则不符。1998 年 10 月 5 日，我国政府在联合国总部签署了《公民权利和政治权利国际公约》，该公约第 9 条规定，对候审人员的监禁不作为一般规则，即对犯罪嫌疑人、被告人在羁押状态下的候审不作为一般原则而作为例外规定。强制措施的目的是保证刑事诉讼活动的顺利进行，而不是针对犯罪嫌疑人、被告人在刑事诉讼过程中采取的一种惩罚性手段，更不能作为威胁、引诱犯罪嫌疑人、被告人认罪认罚的工具。② 对犯罪嫌疑人、被告人适用什么样的刑事强制措施，按照比例原则执行。众所周知，羁押率过高是我国刑事司法的一大顽疾，我国在刑事诉讼阶段的高羁押率本身就不符合国际公约的相关规定，对犯罪嫌疑人或被告人适用非羁押性强制措施本应为原则性适用，而非认罪认罚的

---

① 全国检察机关 2016 年至 2018 年批准、决定批捕人数和提起公诉人数，载国家统计局官网：http：//www. stats. gov. cn，最后访问时间：2022 年 7 月 6 日。

② 储槐植，何群：《论我国数量刑法学的构建》，载《中国法学》2019 年第 3 期。

“谈判条件”，如果我国司法机关按照国际公约的相关要求，遵守未决羁押国际准则，尽量不羁押犯罪嫌疑人、被告人，也就不会存在“强制措施从宽”的提法。

最后，“强制措施从宽”可能导致非自愿认罪认罚案件增多，甚至酿成冤假错案。为贯彻落实宽严相济的刑事政策，最高人民检察院和最高人民法院认为对犯罪嫌疑人、被告人适用非羁押性强制措施或者不予逮捕是宽严相济刑事政策的表现之一①，这样，就是从法律层面上倡导将无“逮捕”划入“从严”的概念，将取保候审等非羁押性强制措施划入“从宽”的概念，进而强化了羁押措施的“惩罚”意味。在刑事诉讼程序上，与强势的国家机构相比，犯罪嫌疑人和被告人无疑显得势单力薄。犯罪嫌疑人、被告人在司法实践中通常会被公安司法机关工作人员告知，如果认罪认罚，轻则不拘留，重则不逮捕。我国刑事羁押时间较长，大多数刑事案件到法院时，通常都已过了大半年甚至更长时间，此时，犯罪嫌疑人、被告人往往可能迫于压力而不得不认罪认罚，这显然不利于保护犯罪嫌疑人、被告人在刑事诉讼过程中自愿认罪认罚的权利。对犯罪嫌疑人、被告人采取适当的、符合比例原则的强制措施，本应是刑事诉讼法的基本要求，但现在各司法机关根据强制措施的适用，划分了“从宽”“从严”的标准，使其成为犯罪嫌疑人、被告人在认罪认罚过程中的“谈判条件”，可能影响到犯罪嫌疑人、被告人认罪认罚的自愿性，甚至导致冤假错案的发生。

（二）办案期限体现的“从宽”

刑事速裁程序伴随着认罪认罚从宽制度产生，其产生的重要目的是提高诉讼效率，如与普通程序和简易程序相比，人民检察院在公安机关移送起诉后作出决定的时间缩短，缩短了人民法院一审程序的审结时间。②

---

① 最高人民检察院：《最高人民检察院关于在检察工作中贯彻宽严相济刑事司法政策的若干意见》第6条、第7条、第8条；最高人民法院：《最高人民法院关于贯彻宽严相济刑事政策的若干意见》第24条。

② 如普通程序要求人民检察院对于监察机关、公安机关移送起诉的案件，应当在一个月以内作出决定，重大、复杂的案件，可以延长十五日。而速裁程序中则规定，犯罪嫌疑人认罪认罚，符合速裁程序适用条件的，人民检察院应当在十日以内作出决定，对可能判处的有期徒刑超过一年的，可以延长至十五日。

20世纪中叶以来，刑事犯罪数量持续增加，犯罪成本不断提高，人们开始思考，在司法资源有限的情况下，怎样的诉讼模式才能促进刑事案件以尽可能少的诉讼成本快速结案，探索出一条提高诉讼效率、节约诉讼资源的刑事诉讼模式成为当务之急。正当程序原则在尊重和保障人权中的作用是不可否认的，但在普通程序中僵化的法律程序伴随着大量轻罪案件的产生，不仅在有限的司法资源投入与司法案件数量的增加之间产生了巨大的矛盾，而且对涉嫌轻罪的犯罪嫌疑人、被告人而言，繁复的不必要的程序也加剧了他们的厌倦情绪。在刑事诉讼过程中，犯罪嫌疑人和被告人心中往往充满了忐忑和不安，冗长繁杂的诉讼程序对他们而言，都是一种变相的惩罚。轻罪如果只能通过漫长的诉讼程序才能最终得出结果，这无疑也是与比例原则不符的。因此，减少对犯罪嫌疑人和被告人的诉讼，在程序上无疑也是一种“宽待”。速裁程序的出现，承载了对轻罪轻缓化处理的从宽价值和效率价值。

（三）认罪认罚的犯罪嫌疑人、被告人享有程序选择权

认罪认罚从宽制度2016年开始试点，2018年《刑事诉讼法》总结了具体实践经验和理论观点，形成了刑事第一审审判体系，由普通程序、简易程序、速裁程序组成，有序衔接。如果犯罪嫌疑人和被告人自愿认罪认罚，在与检察机关进行有效协商过程中，可以提出适用何种程序的请求，在程序上，他们有自主选择的权利。这保证了犯罪嫌疑人和被告人在认罪协商过程中的参与度，同时也体现了尊重犯罪嫌疑人和被告人的诉讼主体地位。但曾有学者表示，从正当程序理论的角度来看，认罪认罚案件适用简易程序或速裁程序，并不能从程序上体现宽缓。① 认罪认罚从宽制度实质上是建立了一套激励犯罪嫌疑人、被告人积极“认罪认罚”的制度，并以此为前提，对犯罪嫌疑人认罪悔罪的行为予以“从宽”的“奖励”。实质上，被告人在自愿认罪认罚后，已知悉并明智地认识到需要放弃普通程序所赋予的权利，接受公正的审判，提出无罪辩护。这些本应享有的权利，在被告人认罪认罚后，再也不能适用。法律允许简易程序和速裁程序通过更简化、更快捷的诉讼程序，用更少的司法资源审理案件，这也是繁简分流诉讼程序改革的成

① 孙长永：《认罪认罚从宽制度的基本内涵》，载《中国法学》2019年第3期。

果，为国家节约了大量司法资源。但这一结果实质上是以损害犯罪嫌疑人、被告人的诉讼程序权为代价取得的。只是由于犯罪嫌疑人、被告人的权利受到了损害，法律才规定对于认罪认罚的被告人，相对于不认罪认罚的被告人，可以给予较缓的刑事处罚。虽然认罪认罚案件中的犯罪嫌疑人、被告人在简化程序的同时也减少了相应的诉讼，但简易程序、速裁程序本身不应被认定为对犯罪嫌疑人、被告人的“宽程序”，因为这种“宽程序”是其放弃部分诉讼权利所“换取”的。反过来说，如果把简易程序和速裁程序对应成“程序上的从宽”，那么与之相对应的普通程序就被归入了“从严”的范畴了。那么在普通程序中，被追诉人获得有效抗辩权利，对其程序性反而是一种不利的处置。显然，这种逻辑与程序法中正当程序的基本理论完全不符。

（四）获得值班律师的法律帮助

2017 年 8 月，“两高三部”联合发布《关于开展律师值班法律援助工作的意见》，中国律师值班制度正式确立。随着 2018 年《刑事诉讼法》和 2021 年最高人民法院法《关于〈中华人民共和国刑事诉讼法〉司法解释》的相继修订和颁布①，我国值班律师制度得到了进一步的健全和完善，立法的逐步细化也使值班律师制度成为我国全面深化司法体制改革，提升人权保障工作不可或缺的重要内容，其有效保障了犯罪嫌疑人、被告人的诉讼主体地位，提高了诉讼参与度。

值班律师制度作为一种伴随认罪认罚从宽制度而产生的制度，在我国从试点到现在较为短暂的发展时期内，取得了较快的发展，值班律师参与认罪认罚从宽制度也取得了一定的运行效果。据司法部官方数据统计，2020 年全年，全国值班律师提供法律咨询近 57 万人次，办理法律援助案件 74 万余件，参与认罪认罚从宽案件 68 万余件，占全年认罪认罚案件的近一半。认罪认罚从宽制度中值班律师的参与比例，从全国的整体情况来看是可以接受

① 根据《刑事诉讼法》第 36 条、第 174 条以及《关于开展法律援助值班律师工作的意见》的相关规定，在认罪认罚从宽制度中，值班律师的职责主要是：为自愿认罪认罚的犯罪嫌疑人、被告人提供法律咨询、程序选择建议、申请变更强制措施；对检察机关定罪量刑建议提出意见；犯罪嫌疑人自愿认罪，同意量刑建议和程序适用的，签署认罪认罚具结书时值班律师需在场进行见证。

的。根据学者的研究，目前，值班律师是参与认罪认罚案件律师类型的“主力军”，被追诉人多数通过值班律师获得法律帮助，比例甚至超过2/3。[①] 此外，还有更多地区的值班律师参与认罪认罚从宽案件的比例高于全国的整体情况。如甘肃省2020年全省检察机关适用认罪认罚从宽制度办结各类案件19798件26021人，人数占同期办结刑事犯罪总数的85.93%，其中除少数指定辩护和自行委托辩护的情形外，该省值班律师参与认罪认罚案件占比达84.54%。[②]

值班律师参与认罪认罚案件比例较高，主要是基于以下几个方面的原因：一是值班律师的即时性、应急性等特点，与认罪认罚从宽案件具有较高的契合度。现在我国适用认罪认罚的案件中，轻罪案件所占比例最多，其中因民间纠纷引发的轻微刑事案件占轻罪案件的比例最大，对于这类案件适用认罪认罚从宽制度时，应尽量做到依法从简从快从宽，以及时恢复社会关系。在案情简单、事实清楚的认罪认罚案件中，执勤律师提供的便捷性和即时性的法律帮助，与被追诉人和诉讼程序的需求更加契合，使得执勤律师参与此类案件的比例更高。二是相对于委托律师和传统的法律援助律师而言，值班律师提供的法律帮助更容易被获取。被追诉人委托辩护律师需要支付相应报酬，而申请法律援助则要受到案件范围、被追诉人经济状况、案件所处程序等条件的限制。反观值班律师，法律援助机构在人民法院、人民检察院、看守所等场所均有值班律师驻点，诉讼程序中被追诉人可以随时申请值班律师的法律帮助，司法机关在被告人未委托律师且不符合法律援助条件的情况下，也应当通知值班律师为其提供法律帮助。对比上述两种方式，不难发现，律师值班的法律帮助更容易获得，程序也更加简便。三是设立值班律师工作点，为被告人约见值班律师提供方便。全国看守所、检察院、法院律师值班工作站的设置较为乐观，以笔者所在的湖南省为例进行调研，全省到2020年底，市级法律援助机构已将律师值班工作站全部覆盖到看守所，设立人民法院、检察院律师值班工作站工作也开展得有声有色。此外，相关法

---

① 周新：《值班律师参与认罪认罚案件的实践性反思》，载《法学论坛》2019年第4期。

② 南茂林：《甘肃：值班律师参与认罪认罚案件占比84.54%》，载《检察日报》2021年1月8日，第1版。

律还规定，公安司法机关应当为律师值班提供法律帮助提供便利，这也使被告人获得律师值班帮助的权利得到进一步保障。

（五）附条件提前终止诉讼

《刑事诉讼法》第 177 条第 2 款的规定，对犯罪情节轻微的案件，赋予检察机关不起诉决定的裁量权。[①] 那么对于犯罪嫌疑人、被告人自愿认罪认罚，而且是比较轻微的刑事案件，检察机关可以在这个程序上作出一个宽缓的结果——“不起诉”。《刑事诉讼法》第 182 条第 1 款属于特殊情形的特殊处理规定[②]，对检察机关撤销案件的实质要件和程序要件，不起诉处理或者选择性起诉都有严格要求。其中，实质要件为“犯罪嫌疑人自愿如实供述自己涉嫌犯罪的事实，有重大立功表现或者案件涉及国家重大利益的”，而“程序要件”则要求“经最高人民检察院核准”。实质和程序要件都具备，才可以撤销案件，可以不起诉，也可以选择起诉。

如上文所述，有学者提出“犯罪嫌疑人、被告人自愿认罪认罚，实质上是在一定程度上以其诉讼权利的部分‘牺牲’换取量刑从轻的结果”的观点。从另一个角度讲，认罪认罚后，通过简化程序，可以使犯罪嫌疑人、被告人从不确定的紧张等待和未知的判决结果中尽快解脱出来。此外，犯罪嫌疑人、被告人是否认罪认罚具有选择权，可以选择“不牺牲”自己的诉讼权利。

第二节　附带民事诉讼下的“从宽”

附带民事诉讼下的“从宽”主要体现在实体法层面，即法院最终判决

---

① 《刑事诉讼法》177 条第 2 款规定，对于犯罪情节轻微，依照刑法规定不需要判处刑罚或者免除刑罚的，人民检察院可以作出不起诉决定。

② 《刑事诉讼法》182 条规定，犯罪嫌疑人自愿如实供述涉嫌犯罪的事实，有重大立功或者案件涉及国家重大利益的，经最高人民检察院核准，公安机关可以撤销案件，人民检察院可以作出不起诉决定，也可以对涉嫌数罪中的一项或者多项不起诉。根据前款规定不起诉或者撤销案件的，人民检察院、公安机关应当及时对查封、扣押、冻结的财务及其孳息作出处理。

结果上的从宽，这种从宽有学者称之为“赔偿从宽”。特别是在附带民事诉讼调解领域，在刑事诉讼作出判决前，先行调解并支付附带民事诉讼赔偿款，从而影响了刑事诉讼的最终判决结果。刑事附带民事案件适用范围广，量刑跨度大，给从轻、减轻或免除处罚留下了一定的裁量空间，及时有效的赔偿可以减轻刑罚，“赔本减刑”的惯例在实践中似乎也可能已经形成。

对于附带民事诉讼调解结案后的“赔钱减刑”，有学者曾做过实证研究：某区2007年故意伤害案件共有51件，其中调解结案的有30件。在这30件案件中，判决适用管制的有15件，占所有调解结案案件的50%；判决适用拘役的有3件，占10%；判决适用有期徒刑缓期执行的有9件，占30%；而判决适用有期徒刑的只有3件，占10%，并且其刑期都在1年以下。

与此形成鲜明对比的是，2007年刑事附带民事部分判决结案的量刑情况和非附带民事故意伤害案件的情况。51件故意伤害案件中，21件案件未附带民事诉讼。其中判决适用管制的有3件，占总案件数的14%；判决适用有期徒刑缓期执行的有3件，占14%；而判决适用有期徒刑的却有15件，占近72%，并且刑期都在1年以上，其中一起重伤害案件判决有期徒刑9年，而另一起同年调解结案的重伤案件，也只被判处有期徒刑1年。

由此可以看出，同样的案件类型，同样的伤害程度在某一区法院（因为是基层法院，受理的绝大多数案件都是轻伤害案件，个别重伤害案件），学者所调研的案件中，不同的结案方式会导致量刑差异较大。一般情况下，涉及民事赔偿的故意伤害案件，如果民事部分是调解结案，适用较轻刑罚的可能性要比判决结案的案件高得多。

“赔本减刑”有其合理性。笔者将从矫正正义、司法宽容、法经济学这三个角度，对其合理性和必要性进行分析。

一、矫正正义

在人们对正义的认识中，“以其人之道，还治其人之身”是社会普遍意义上的公正道理。在人际互动的过程中，当正义的分配出现偏差的时候，亚里士多德的“矫正正义”为我们的思考提供了渠道。在这一理论中，矫正正义着眼于社会生活层面人与人之间的社会交换和经济交换，在交换的过程中，如果一个人得到了自己不应该得到的东西，他就是“冤大头”，这个时候矫正正义就开始发挥作用了。

将“矫正正义”运用于刑事犯罪案件中，将加害者与受害人套用进这一理论，即需要纠正犯罪嫌疑人、加害人的不当所得和受害人及其家属的不公正损失。因此，法律作为这一桥梁，规定应通过诉讼救济的方式，消除双方因犯罪行为所产生的收益和损失。当一个社会成员违背了社会一般规则，这个社会成员就必须通过诉讼途径对过失进行补偿，或者由代表群众的某人或某组织（国家公权力机关）剥夺其不当得利。在刑事司法领域，矫正正义要求在犯罪嫌疑人、被告人使他人或公共利益受到损失的案件中进行“适当的补偿”，在刑法实体法范围则要求对犯罪嫌疑人、被告人给予一定的处罚。

矫正正义为刑事诉讼中的犯罪嫌疑人、被告人与被害人及其亲属之间提供了一种寻求平衡的机制。“赔钱减刑”，在犯罪嫌疑人、被告人和被害人及其亲属之间，各有各的“损失”的同时也各有“所得”。对于犯罪嫌疑人、被告人来说，其作为犯罪活动的实施者，从犯罪活动中得到了其不该得到的“收益”，就违背了公正的分配，作为社会调控工具的“法律”，就应当通过刑罚处罚或赔偿来“返还所得”，从而取得平衡。

二、司法宽容

在现代社会，“宽容”这一理念如今已经在渐渐地被内化为国家司法系统中存在的作为某一种人类道德之基本内容的基本价值，并几乎已能在人类整个生活法律、道德、政治制度等公共生活的各个社会公共服务领域之中都一一得到了充分彰显。刑事司法中的“司法宽容”主要就是为了强调国家司法机关在依法合规办案的过程中，对每个普通公民在参与刑事诉讼活动中宽容的态度，且这种宽容的态度是出于主动、自觉。刑事司法的宽容态度主要表现为对已触犯法律，涉嫌违法犯罪或已被判决承担刑事责任的犯罪嫌疑人、被告人采取一种包容、尊重甚至“可以原谅”的态度。即使犯罪嫌疑人、被告人处于刑事诉讼中，他们也是社会成员，是整个社会的一分子，不能因为其曾经犯下错误，就将其排除在整个社会之外，而更应对其进行改造，促使其悔过自新，重新以全新的面孔踏入社会，将已违法犯罪的被告人重新改造成社会人，司法的宽容教育正是改造犯罪嫌疑人、被告人至关重要的举措。同时，宣扬司法的宽容态度也有助于社会矛盾的即时化解，鼓励宽容态度也能让社会关系加速恢复。①

根据传统刑法观念，刑罚的目的在于惩罚罪犯，“以牙还牙、以眼还眼”。在这种理念下，被害人及其亲属的权益往往是遭到忽视的。然而，现代司法在反思片面追求“以暴制暴”的刑事追究模式后，更加注重刑事和解、赔偿等恢复性刑事司法模式，更加注重不报复性的被害人与被告人关系的协调与平衡，“赔偿减刑”无疑与这种刑事追究模式和理念的转变相适应。“赔偿减刑”通过恢复犯罪嫌疑人或被告人与被害人的社会关系，尊重每个人的尊严和平等，促进社会和谐。

这其实是应对不断发展变化的犯罪的一种对策，它为被害人及其亲属提供了一个获得补偿的机会，增强了安全感。② 同时，使犯罪人深刻认识自己行为的原因和影响，切实承担起应尽的责任，为社会提供预防犯罪的先机。

在具体量刑方面，我国法官在法定量刑幅度范围内，可以根据酌定量刑情节，跟随内心确信，对具体案件量刑享有部分从轻、减轻或免于处罚的裁量权。其中，犯罪嫌疑人、被告人是否对被害人及其近亲属进行了积极赔偿，也是法官在案件判决前会考虑的量刑因素。国际上也有很多国家或地区将“赔偿减刑”作为量刑情节予以考量。

我国早在1999年，最高人民法院就发布了《全国法院关于维护农村稳定刑事审判工作座谈会纪要》，其中规定，被告人的民事赔偿可以作为酌定量刑情节。目前，我国提出了宽严相济的刑事政策，这是刑事政策在构建和谐社会和法治国家的新理念指导下作出的相应调整。对那些犯罪情节较轻、主观恶性不大的，要尽可能给其以改过自新的机会努力做到既有力打击震慑犯罪，又尽可能减少社会对抗，“赔偿减刑”是宽严相济刑事政策的具体体现。

三、法经济学

从法经济学角度来看，“赔偿减刑”制度无论是对犯罪嫌疑人、被告人、被害人自身或是其近亲属，还是直接对公安司法机关而言，其是一种高

① 张善燚：《论司法宽容》，载《中南大学学报（社会科学版）》2009年第3期。

② 袁婷，顾娟：《恢复性司法构建“和谐正义”》，载《民主与法制时报》2006年11月20日，第A1版。

效且可行的司法制度。

从犯罪嫌疑人、被告人角度来看，由于犯罪嫌疑人、被告人的犯罪行为已经给被害人及其家属甚至整个社会造成了巨大的人身、财产或者精神损失，其应当被惩处，这是由其犯罪行为所带来的，必须承担的法律责任。并且，其承担的法律责任，往往应当大于犯罪成本，这样才能起到威慑作用，达到一般预防与特殊预防的统一。一般情况下，刑事犯罪的处罚方式以自由刑为主，严重的包括生命刑。从犯罪嫌疑人、被告人的角度来看成本与收益，相比失去自由甚至生命，“财产损失”显得不值一提。若犯罪嫌疑人、被告人可以通过积极主动对被害人及其近亲属进行经济上的赔偿，以获得自由刑或生命刑的宽缓，其收益一定是大于成本的。

从被害人及其亲属的角度来看，以报复为目的对犯罪嫌疑人、被告人判处一定的刑罚，除了心理上的宽慰或因而产生满足外，并不会得到其他实质上的好处。犯罪嫌疑人、被告人的犯罪行为往往会导致被害人人身、财产上的损失，这种犯罪结果甚至会波及被害人家庭。需要强调的是，这种出于报复目的的心理宽慰与满足感，会随着时间的流逝而慢慢消失，但经济困境并不会随着时间的流逝有所改变。因此对被害人及其近亲属给予一定的经济赔偿，以经济处罚代替对加害人的部分人身处罚，可能对于被害人及其近亲属的后续生活是更有利的。

在一些案件中，虽然最终人民法院可能会判决财产刑，但也出现过犯罪嫌疑人、被告人或其家属采取转移或隐匿等多种方式转移财产，给最终司法执行增加了难度。相反，“赔偿减刑”以财产换取最终刑罚的宽缓，这实质上是对犯罪嫌疑人、被告人及其家属的变相激励，促使其积极进行赔偿，这也能帮助被害人及其近亲属免于陷入经济困境，对被害人或其近亲属后续回归正常生活反而会有更大的好处。

从公安司法机关角度来看，主要有以下两个方面：一方面，刑罚的震慑力并不会因为“赔偿减刑”有所减弱。在“赔偿减刑”案件中，让犯罪嫌疑人、被告人及其亲属对被害人给予一定的经济补偿，使其适当减少一定幅度的自由刑甚至免除生命刑，从收益与成本的角度来看，让犯罪成本远超犯罪收益，反而能起到一定警示作用。另一方面，“赔偿性减刑”也为司法节约了成本。据统计，一个被判处有期徒刑的罪犯，刑期执行完毕，国家要为他投入的经费，是他在监狱里劳动改造所创造物质财富的 5 至 10 倍。犯罪嫌疑人、被告人通过向被害人及其近亲属积极赔偿，获得减刑可能，这既可以降低国家刑事司法执行成本，还可以减少被害人及其近亲属的经济压力，可谓是一举两得。

第三节 刑事和解下的“从宽”

《刑事诉讼法》第290条规定，当事人双方达成和解协议后，人民法院可以对被告人从宽处罚。具体来说，由于刑事和解在任何诉讼阶段都可以适用，因此，与认罪认罚从宽制度一样，犯罪嫌疑人、被告人也可以与被害人在不同诉讼阶段达成和解后，获得与该阶段相对应的分别不同的从宽处理结果。如侦查阶段的非羁押性强制措施、审查起诉阶段作出的不予起诉、审判阶段作出的非监禁刑、减轻处罚决定以及免予刑事处罚等。

有学者以“刑事和解”为关键字，在无讼网上统计了2015年至2019年全国适用刑事和解程序的各年份案件总数，同时检索了上海市2018年至2019年涉及刑事和解程序的部分成功案例共50个，主要从“案件数量及占比”“案件类型”“量刑情况”“刑事和解的实际效果”等方面对案例进行统计归纳。①这50个案例中，检察机关提出从轻或减轻处罚建议的比例为100%，法院对检察机关建议的采纳率也是100%。其中适用缓刑案件35个，占比较大；单次判处有期徒刑的时间在6个月至3年之间，其中被告人犯强奸罪，判处有期徒刑3年；单处拘役的刑罚时间在2个月至6个月之间，其中被告人犯强制猥亵罪，判处拘役6个月；并处罚金数额在1000元至5万元之间，罚金5万元的诈骗案为共同犯罪，该案被告人已着手实施诈骗犯罪，但因意志以外的原因未得逞，系犯罪未遂；4个免予刑事处罚案件中，被告人或有自首情节或当庭自愿认罪，积极赔偿被害人经济损失，取得谅解，犯罪情节轻微，综合案件的犯罪事实、性质、情节和对社会的危害程度，法院采纳了辩护人的请求免予刑事处罚的辩护意见，依法免予处罚。

从司法实践的具体情况来看，我国适用刑事和解制度通常采用经济补

---

① 汪博：《刑事和解制度载我国司法实践中的应用——基于50份适用刑事和解制度判决书的数据分析》，载《上海法学研究》2020年第3卷。

偿、恢复原状、社区服务、提供服务、赔礼道歉等刑事和解方式。[①] 其中，采取经济赔偿的方式占比较大，这种补偿多属于一次性经济补偿。但社会公众对经济赔偿这种刑事和解方式存在争议。主要原因在于，经济赔偿这种刑事和解方式较为单一化，不仅使社会公众对刑事和解制度产生了误解，难以保障刑事和解制度的顺利实施，而且对刑事和解制度的适用效果也造成了严重影响。对于这种以财物赔偿方式达成的刑事和解，有人称之为“花钱买刑”或“赔本减刑”。显而易见，是指被告人在切实赔偿被害人损失的前提下，获得被害人谅解，从而获得从轻、减轻处罚，从而达到刑事和解。[②]

从刑事和解实践的社会效果来看，有些案件的处理被定性为“花钱买刑”，从而更多地引发对刑事和解的争议，甚至被无情地批判。在刑事和解过程中采取经济赔偿的方式，确实可能造成由于加害人之间或者加害人与被害人之间存在贫富差距，从而出现适用不公平刑事和解的现象。[③] 然而，作为刑事和解适用过程中最常采用的一种重要方式，经济赔偿并非先天就存在致命缺点。经济赔偿方式之所以在刑事和解过程中经常适用，主要是因为它最能鲜明地体现加害方悔过自新的程度，能较快地弥补被害人所受损失，在其他和解方式中发挥着不可替代的积极作用。

我国古代就有“议罪银制度”，是指在特定的犯罪类型中，加害者可以用银钱抵罪的一种制度。也就是这种以钱赎罪的现象，中国自古以来就有，而在法治如此发达的今天，也必然有它的道理。附带民事诉讼和刑事和解都是在对受害人进行赔偿的基础上进行的，而且主要是在金钱上对受害人进行赔偿，在量刑上获得从宽结果。我国刑事诉讼法允许并提倡这种“花钱买刑”，一方面是考虑到对确实受到损害的被害人的保护，同时也是考虑到减轻犯罪嫌疑人的社会危险性和重新犯罪的可能性，帮助他们更好地重返社会；另一方面是诉讼效益的必然要求，由于司法资源的有限性，适用刑事和解和附带民事诉讼程序有利于提高诉讼效率，有利于彻底解决纠纷和恢复社会关系，有利于更好地实现社会效益。

---

① 薛燕，李颖慧：《围绕三个案例，解释刑事和解方式的多元化》，载《中国检察官》2009 年第 1 期。

② 王志祥：《刑事和解制度的多维探究》，北京师范大学出版社 2013 年版，第 155—156 页。

③ 时延安：《刑事和解正当性之辨》，载《东方法学》2010 年第 3 期。

绝对公平在当今社会是不可能的，而被人们称为“花钱买刑”的刑事和解与附带民事诉讼制度，只要不突破相对公平的底线，就有其存在的必要和意义。如果因为追求绝对公平而取缔“花钱买刑”的制度，一方面必然使被害人的权益大打折扣，再次使被害人沦为诉讼的工具，其当事人的主体地位无从保障。刑罚的目的在于国家追诉犯罪，维护公共利益，但真正受到犯罪侵害的被害人利益却在一定程度上被放弃。刑事和解与附带民事诉讼“花钱买刑”这一现象，既没有突破人们容忍的限度，也没有突破相对公正的限度，因此，刑事和解与附带民事诉讼“花钱买刑”有其存在的合理性。

具体的刑事和解方式又可分为物质性刑事和解和精神性刑事和解两种。物质性刑事和解主要有经济补偿、劳务补偿、原状恢复等几种方式。经济赔偿是指加害人以交付一定数额的金钱、实物等形式，以弥补受害人遭受的各种损失。① 具体经济补偿方式，既包括一次性经济补偿，也包括分期补偿等多种方式。劳务补偿，是指以向被害人提供一定数量的劳动或服务的方式，弥补被害人因实施犯罪行为而遭受的各种损失的一种补偿方式。这种方式解决了行为人因经济困难，不能给予被害人经济补偿的问题。② 恢复原状是指加害人应采取一切手段，尽可能消除犯罪行为给被害人造成的不利后果，使社会秩序恢复到犯罪行为未发生前的状态。③ 这种方式主要适用于侵害财产利益的直接或间接案件。精神刑事和解的方式主要有赔礼道歉、恢复名誉、消除影响等多种方式。使双方当事人消除隔阂，达成谅解的协议。为加强对加害人自身的教育和纠正，增强加害人的社会责任感，采取公益捐助、社区服务等形式，对受害人进行救助。刑事和解中损害赔偿的方式主要以经济赔偿为主导，必要的多样化的赔礼道歉方式为辅。对于刑事和解达成的损害赔偿限额法律没有限制，只要是加害人和被害人双方自愿并合法达成合意的，哪怕赔偿数额超过法律规定的标准也是可以的。

可见，在认罪认罚从宽制度和刑事和解制度中，被告人都能得到较为相似的从宽处理结果。不管是认罪认罚从宽制度还是刑事和解制度，被告人在与被害人进行认罪认罚具结或达成和解协议后，在不同诉讼阶段都能获得从

① 宋英辉：《刑事和解制度研究》，北京大学出版社2011年版，第184页。
② 宋英辉：《刑事和解制度研究》，北京大学出版社2011年版，第189页。
③ 宋英辉：《刑事和解制度研究》，北京大学出版社2011年版，第190—191页。

轻发落的处理办法。从上文对两项制度各自“从轻发落”的论述中可以看出，被告人在两项制度中均可获得不予批捕、非羁押性强制措施、不予起诉或相对从轻发落的刑事判决结果。

第四节　认罪认罚从宽与刑事和解的竞合

刑事和解制度相较于认罪认罚从宽制度，两者在“真诚悔罪”的范畴内是重合的。在司法实践中，如果犯罪嫌疑人、被告人既如实供述了主要犯罪事实，自愿签订认罪认罚具结书，又积极赔偿、真诚悔罪，并与被害人达成和解协议，那么司法机关也将面临前述两大问题，既不能以包容评价的方式将其单独认定为认罪认罚或刑事和解，也不宜将其认定为既构成认罪认罚，又构成刑事和解。对于这种情况，司法机关如何处理，还需要更深入探讨。

我国 2018 年修改的《刑事诉讼法》，虽然没有修改“当事人和解的公诉案件诉讼程序”的内容，但由于认罪认罚从宽制度贯穿整个刑事诉讼，其适用当然包括刑事和解程序。《量刑指导意见》第 1 条规定：“对因民间矛盾引发的犯罪，犯罪嫌疑人、被告人自愿认罪、真诚悔罪并取得谅解、达成和解，尚未严重影响人民群众安全感的，要积极适用认罪认罚从宽制度，特别是对其中社会危害不大的初犯、偶犯、过失犯、未成年犯，一般应当体现从宽。”一般来说，认罪认罚的宽泛并不总是与刑事和解程序有交集，因为认罪认罚的宽泛适用于所有的案件。不可否认，在适用认罪认罚从宽制度办理刑事案件的过程中，司法机关和犯罪嫌疑人、被告人及其辩护人在认定案件事实、量刑等方面会有一些“商量”，这是借鉴英美法系国家辩诉交易制度的一些积极因素。①然而，这种“协商”与刑事和解的“和解”在程序上具有相应的契合性。《量刑指导意见》规定，对因民间矛盾引发的犯罪，犯罪嫌疑人、被告人自愿认罪、真诚悔罪并取得谅解、达成和解，尚未严重影响人民群众安全感的，积极适用认罪认罚宽大制度。这一构成要件与刑事

① 李寿伟：《中华人民共和国刑事诉讼法解读》，中国法制出版社 2018 年版，第 35 页。

和解的“因民间纠纷引起”犯罪案件，特别是犯罪嫌疑人、被告人需要承认自己所犯罪行，对犯罪事实没有异议，真诚悔罪，取得被害人谅解，被害人自愿和解具有相同性，其案件均需要被害人赔礼道歉、赔偿损失等取得被害人谅解并达成和解，致使其在从宽构成上存在构成要件事实的重合。刑事和解不同于认罪认罚从宽的“谈判”，主要是通过公力救济转化为私力救济来实现从宽的减让，在性质上属于“恢复性司法”，其中包含了被害人减让的因素，因此对认罪认罚“可以从宽”的“应当从轻处罚”有不同的要求①，其从宽减让与否，要看司法机关的认定或裁定结果。在这种不同制度和不同权力场景下，当犯罪嫌疑人、被告人认罪认罚与刑事和解中的从宽构成要件事实出现重叠时，从宽及其从宽幅度按照什么顺序进行，以及如何把握，就成了需要探讨的问题。

有学者认为，把握好认罪认罚与刑事和解在成立要件层面的“概念交叉”关系，肯定两者在量刑上都有各自独立的意义，但一定要避免重复评价。还需要增强不同诉讼程序类型的层级性，区分认罪认罚与和解在自愿性和合法性方面的审查标准，以及量刑从宽规则的设计层级化。② 而《量刑指导意见》规定，办理认罪认罚案件，应当听取被害人及其诉讼代理人的意见，并将犯罪嫌疑人、被告人是否与被害方达成和解协议、调解协议或者赔偿被害方损失，取得被害方谅解，作为从宽处罚的重要考虑因素。这种从宽考虑的因素与最高人民法院司法解释的应当从轻处罚在幅度上显然过小，需要通过退赃退赔、赔偿损失、赔礼道歉等因素的从宽与刑事和解中赔偿损失、赔礼道歉等方式的从宽适用顺序，来缓解其固有的困惑。

---

① 参见2012年11月5日最高人民法院审判委员会第1559次会议通过《最高人民法院关于适用〈中华人民共和国刑事诉讼法〉的解释》法释［2012］21号第505条规定：“对达成和解协议的案件，人民法院应当对被告人从轻处罚；符合非监禁刑适用条件的，应当适用非监禁刑；判处法定最低刑仍然过重的，可以减轻处罚；综合全案认为犯罪情节轻微不需要判处刑罚的，可以免除刑事处罚。”

② 赵恒：《认罪认罚与刑事和解的衔接适用研究》，载《环球法律评论》2019年第3期。

我国《刑事诉讼法》第 288 条、第 290 条[①]与《量刑指导意见》的第 16 条、第 17 条、第 18 条在从宽的构成要件上存在交叉和重叠。认罪认罚的从宽和刑事和解的从宽纠缠，无非是在程序效率和正义冲突下，解决当事人权利保障和理性选择的问题，最终落实到被告人刑事责任的承担上。[②] 而刑事责任的承担涉及认罪认罚从宽制度与刑事和解制度在具体适用中可能面临适用案件范围不一致，适用决定不起诉的条件不一样，操作规范实体从宽不统一等问题。

在司法实践中，办案机关对这两种量刑情节进行认定，可能存在评估重复的风险。2017 年《认罪认罚从宽制度中期报告》指出，试点单位没有科学地理解“从宽”，将其绝对化、简单化，对案件具体情节区分不够。其中，有一种混同情形，即认罪认罚和和解的“重复评价”，也就是“对同一行为进行双重评价”。通常我国刑法禁止双重评价原则只适用于定罪过程，在量刑领域，相应的规范要求还没有确立。[③] 传统的刑罚理论虽然关注量刑的双重评价问题，但仅仅集中在“量刑时禁止犯罪构成要件的特征作为量刑情节”这一点上。也就是说，禁止重复评价原则禁止的是以下行为：对同一事实情况在同等价值意义层面上的重复使用。并且办案机关不得将已用于定罪评价的情节在量刑时另作评价。可见，该原则既是定罪原则，又是量刑原则。[④] 在此基础上，我们发现，在实际操作中，确实存在重复评价量刑

---

① 《刑事诉讼法》第 290 条规定，对于达成和解协议的案件，公安机关可以向人民检察院提出从宽处理的建议。人民检察院可以向人民法院提出从宽处罚的建议；对于犯罪情节轻微，不需要判处刑罚的，可以作出不起诉的决定。人民法院可以依法对被告人从宽处罚。《量刑指导意见》第 18 条规定，被害人及其诉讼代理人不同意对认罪认罚的犯罪嫌疑人、被告人从宽处理的，不影响认罪认罚从宽制度的适用。犯罪嫌疑人、被告人认罪认罚，但没有退赃退赔、赔偿损失，未能与被害方达成调解或者和解协议的，从宽时应当予以酌减。犯罪嫌疑人、被告人自愿认罪并且愿意积极赔偿损失，但由于被害方赔偿请求明显不合理，未能达成调解或者和解协议的，一般不影响对犯罪嫌疑人、被告人从宽处理。

② 李卫红：《对被告人认罪认罚与刑事和解后的从宽处罚研究》，载《山东警察学院学报》2018 年第 3 期。

③ 屈学武：《刑法改革的进路》，中国政法大学出版社 2012 年版，第 359 页。

④ 李少平，宋孝清，李伟：《公检法办案标准与适用（第一卷）》，人民法院出版社 2014 年版，第 260 页。

情节的现象。与传统的重复评价认识不同，它在相当程度上拓展了禁止重复量刑评价的理论范畴，是认罪认罚从宽体制改革带来的新局面。

所谓“量刑情节重复评价”，是指试点单位对认罪（认罚）与和解之间不加区分的“概念交叉关系”，在判断量刑从宽幅度时，往往对某一行为进行重复评价，即对同一属于某一量形情节的行为分别进行两次甚至多次评价，造成从宽幅度不当增大、刑罚失衡的情况。目前，办案单位大多采取了类似的做法，即将和解与认罪混同处理。分为两种思路：第一种，针对和解，在量刑上给予相应的减损处理。针对认罪认罚，再额外给予10%—30%的量刑减损。这种方案很可能是对赔偿受害人、退赃退赔等行为的重复评价。第二种，将认罪认罚并入和解或其他情节，不再单独量刑减损，看起来是对不同行为的重复评价，其实不然。以上两种思路都有不当之处：第一种是形式化地照搬法律规定，完全忽视了认罪与和解之间存在成立要件交叉的关系；第二种是否定了认罪认罚与和解相比所不具有的独特法律效果，使认罪认罚的价值变得更低。从根本上说，上述两种思路都源于办案单位没有从理念层面认识到认罪认罚单独评价的特殊意义。根据刑事诉讼法的规定，以及一些学者提出的扩大刑事和解程序适用范围的主张，我们发现无论是在案件的适用范围上，还是在具体的诉讼机制上，无论是在认罪认罚从宽制度，还是在刑事和解程序上，都有一定的相同或相似之处。这些都为两者的衔接适用创造了条件，使我国刑事诉讼的刑罚宽缓精神得以充分彰显。有鉴于此，立法者在完善相应的衔接机制时，应以被告人与被害人互动交流为切入点，着重明确以下3个方面的问题。

一、诉讼程序的层级性

在认罪认罚从宽制度入法的大背景下，保障三类主要诉讼程序的有序运转，是立法者尤为关注的课题。很多学者已经认识到，刑事和解程序存在定位不合理的缺陷，而速裁程序必须以“达成和解”为前提的做法，会使被告人的程序选择权受到限制，使审前分流、繁简分流的实践效果受到损害。[①] 因此，有学者指出，有两种做法不恰当地影响了我国诉讼程序的多样

① 周新：《我国刑事诉讼程序类型体系化探究——以认罪认罚从宽制度的改革为切入点》，载《法商研究》2018年第1期。

化。一种做法是，对认罪认罚从宽制度的法律效力限制过大，将其依附于简易程序、和解程序和速裁程序，无法充分显示该制度在促进诉讼程序多样化发展方面的自主价值；另一种做法是，过分扩大认罪认罚宽限制度的法律效力，使其超越简易程序、和解程序和速裁程序的适用范围，反而破坏了我国刑事诉讼制度的层次性。① 根据《刑事诉讼法》第 173 条、第 222 条等规定，可以认为，只有将认罪认罚从宽制度发展为统合的，涵盖速裁程序、部分简易程序和普通程序的综合制度，以及部分刑事和解程序，才能真正构建起科学的刑事诉讼体系。② 那么，以此为前提，认罪认罚与和解之间的衔接关系该如何认识呢？有学者认为，没有必要将和解单独列为量刑情节，只需要利用认罪认罚对相关行为进行评价即可。③ 后来仔细分析后发现，刑事和解程序作为恢复性司法理念外化体系的集中体现，仍有独立存在的空间。目前，结合刑事诉讼法的规定，对于有被害人的案件，在厘清认罪认罚与和解之间存在交叉关系后，立法者应当采取区别对待的思路，即对被告人认罪认罚但未达成和解协议的，检察机关应当审查原因，在保证被害人有表达意见权利的同时，原则上不影响认罪认罚从宽制度的适用，但检察机关不宜建议适用速裁程序，法院通常只能适用简易程序或普通程序。此外，按照中央政法委提出的完善“中国特色轻罪诉讼制度体系”的改革目标，立法者需要优化不同诉讼程序的配合适用方案，同时提升诉讼程序的层级化水平。目前，无论是认罪认罚从宽制度的适用规范，还是刑事和解程序的运行方式，实际上都在相当程度上增加了公安司法机关的工作内容，为此，立法者要进一步推进诉讼机制的全流程简化，真正解决办案人员长期面临的工作量大、审批环节多等问题，调动办案人员开展认罪认罚和刑事和解工作的积极性。

二、两种情节的自愿性、合法性审查

从现有立法和试点文件的规定来看，改革者自愿性、合法性和速裁程序、认罪认罚从宽等制度，都会有一个正当性的前提条件。为此，提出了一

① 樊崇义：《认罪认罚从宽协商程序的独立地位与保障机制》，载《国家检察官学院学报》2018 年第 1 期。

② 陈海峰：《认罪认罚从宽制度中的程序性问题探析》，载《政治与法律》2018 年第 4 期。

③ 赵恒：《论从宽的理论基础与体系类型》，载《宁夏社会科学》2017 年第 2 期。

系列的保障和审核规范。仔细审视刑事刑诉法的相关条文，就会发现“自愿”“合法”的提法并非速裁程序试点工作开始后才出现的。事实上，在刑事和解程序中，立法者早已设计了类似规则，即办案机关在主持制作和解协议前，应当“审查和解的自愿性和合法性”。[①] 同时，《高法解释》《高检规则》《关于公安机关办理刑事案件程序规定》等，都对此进行了细致的规定。对于合法性，《高检规则》细则指出，办案机关对和解的案件类型、和解主体、谈判事项、和解内容等是否符合法律规定和司法解释的要求，应当进行审查。对于自愿性，《高法解释》指出，构成非自愿性的情形是指“被强迫、威吓等”。上述司法解释还规定了和解协议无效的情形，主要是指在协议履行完毕后，被追诉人及其亲属以暴力、威胁、欺骗或其他非法方法强迫、诱骗被害人和解，或者对被害人进行威胁、报复，均可导致协议无效的后果。对比来看，认罪认罚审查机制还涉及其他内容。结合刑事诉讼法的规定，认罪认罚自愿性审查分为主观和客观两个方面，前者是指被告人对自己的行为性质及其产生的法律后果是否充分了解，有无重大误解的情形；后者是指被告人在各个诉讼阶段的合法权益是否受到明显的不法侵害，是否在法律上得到了足够的帮助。[②] 而和解的自愿性，主要是指被害人没有被告人以暴力、威胁、欺骗或其他非法方法所带来的强迫、诱骗，虽然总体上是以被告人和被害人的行为为中心，但更偏重于对被害人的保护。即使达成和解协议的条件在一定程度上高于实际损失，但办案机关通常尊重被害人自认为获得满意赔偿的选择，只要被告人愿意接受并履行完毕。但在认罪认罚从宽制度中，国家除了注重被害人的权益保障外，更倾向于对被追诉人承诺的有罪供述，尽早接受处罚。对于一些被告人有认罪认罚意愿但缺乏赔偿能力的案件，国家在保证诉讼效率与保障当事人权益之间进行权衡，是有必要的。目前比较主流的方案是，允许被害人知悉案情并发表意见，国家公权力机关在是否适用认罪认罚从宽制度上具有最终决定权。

三、量刑从宽的梯度规则

不管是认罪认罚还是和解，刑事诉讼法都明确“可以从轻处罚”，其中

---

① 2018 年《刑事诉讼法》第 289 条。

② 李洪杰：《认罪自愿性的实证考察》，载《国家检察官学院学报》2017 年第 6 期。

既包括允许检察院作出不起诉决定，也包括减少羁押性强制措施的适用，《高法解释》进一步表示，对于达成和解协议的，法院应当从轻处罚，甚至可以减轻或者免除处罚。考虑到两者属于“概念交叉关系”，因此相应的宽限处罚效果也有所不同。例如，在北京市海淀区，对于被告人认罪的案件，适用速裁程序的、积极赔偿或有其他悔罪表现的、当事人和解的速裁案件，相应的从宽量刑比例可分别达到10%—30%、20%—40%、40%以上。[①] 立法者在引导认罪认罚与和解衔接顺畅的领域，需要厘清以下各情节的区别，即区分认罪认罚与和解、退赃退赔、积极赔偿被害人经济损失等类似情节之间的关系。

具体方案是，第一，单独评价认罪认罚情节的量刑减损幅度，在吸收试点经验的基础上，原则上不宜超过40%，即遵循“40%—20%—10%”的层级规则，与其他量刑情节的比例相协调，以防量刑失衡。[②] 第二，为防止被追诉人采取暴力、威胁、欺骗或其他非法手段达到和解的目的，办案机关在审查和解协议时，对被告人是否真诚悔罪的判断是重点。在认罪认罚具结书的审查中着重判断被告人是否如实供述，承认犯罪，接受指控，接受处罚。[③] 对于“将减刑幅度最高提高至50%”的主张[④]，应当清醒地认识到，这一提法实际上是综合了认罪认罚、退赃退赔、和解等情节后产生的法律后果，而不是某一单独情节所占量刑比例过宽的情形。第三，从域外经验来看，办案人员对不同量刑情节的评价，既要保证刑罚的平衡，符合罪责刑相适应原则的要求，又要防止从宽幅度过大，损害被追诉人认罪认罚自愿性的情况发生。[⑤] 这样，立法者既可以确定认罪认罚和和解的独立宽窄比例，又能在衔接适用时区别二者的量刑幅度。必要时允许办案人员酌情裁量，形成

① 李本森：《刑事速裁程序试点的本地化差异：基于北京、上海、广州和西安试点的地方文本分析》，载《中外法学》2017年第2期。

② 赵恒：《论量刑从宽——围绕认罪认罚从宽制度的分析》，载《中国刑事法杂志》2018年第4期。

③ 赵恒：《论从宽的正当性基础》，载《政治与法律》2017年第11期。

④ 陈瑞华：《“认罪认罚从宽”改革的理论反思——基于刑事速裁程序运行经验的考察》，载《当代法学》2016年第4期。

⑤ 高通：《德国刑事协商制度的新发展及其启示》，载《环球法律评论》2017年第3期。

量刑从宽、有可操作性的定级规则。办案人员只有丰富认罪认罚与和解在从宽处罚方面的特殊内涵，才能真正扭转前述“认罪认罚从宽制度中期报告”中指出的错误认识，增强判断刑罚从宽量刑的能力。第四，排除前文提到的审查规则之外，针对刑事诉讼法赋予公安司法机关“可从宽处罚”自由裁量权范围较广的情形，立法者也应在宽限处理中明确办案单位的裁量权限。针对认罪认罚、和解等类似情节的从轻发落法律后果，提高从轻处罚决定和裁判文书的说理程度，对与从轻发落有关的决定文书和裁判文书的说理部分进行细化。在限定被告人反悔范围的同时，确保因认罪认罚、和解获得从宽“激励”的被追诉人正当期待，最大限度地减少刑事案件快速办理机制的风险隐患。①

也有学者从保护私权方面提出，应先适用从宽刑事和解程序，再考虑认罪认罚制度。② 从认罪认罚从宽作为一项基本制度来说，刑事和解的从宽需要遵循认罪认罚从宽的原则，由于认罪认罚从宽制度在价值上偏重于司法效率，刑事和解程序依赖于被害人权益的修复，其从宽协议的效力存在差异，但仍需要按照从宽的精神和原则来安排对其从宽适用的先后顺序。其排列顺序可设定为：对当事人达成和解的，先适用刑事和解程序的宽限，再考虑认罪认罚的宽限。因为刑事和解对犯罪嫌疑人、被告人的从宽、可以减轻刑事处罚，也可以免除刑事处罚。从恢复性司法的目的考虑，先适用刑事和解程序的“私权”从宽减让，再适用认罪认罚的“公权”从宽，既能尊重私权的从宽减让，也可能出现不起诉处理的情形，这与刑事和解的目的是一致的，也有利于认罪认罚从宽通过程序实现目标。对于犯罪嫌疑人、被告人认罪认罚的，通过向被害人赔偿损失、赔礼道歉等方式取得被害人谅解并达成刑事和解协议的，但被害人及其诉讼代理人不同意对认罪认罚的犯罪嫌疑人、被告人从宽处理的，可以并用认罪认罚的从宽和刑事和解的从宽，最大限度保证从宽幅度的合理性。但如果犯罪嫌疑人、被告人自愿认罪并愿意积极赔偿损失，但被害人及其诉讼代理人的赔偿请求明显不合理，未能达成调

---

① 史立梅：《认罪认罚从宽程序中的潜在风险及其防范》，载《当代法学》2017年第5期。

② 郭华：《“从宽”系谱中认罪认罚从宽的位序与程序安排》，载《中国刑事法杂志》2020年第5期。

解或者和解协议的，对犯罪嫌疑人、被告人认罪认罚从宽时，应当考虑积极赔偿损失的从宽因素，并将其叠加使用。虽然犯罪嫌疑人、被告人与被害人之间达成和解属于认罪认罚从宽制度的考虑因素之一，但没有达成和解的，并不影响认罪认罚从宽的适用，从而使认罪认罚从宽能够自主地发挥内在价值。

第五节　附带民事诉讼与刑事和解的竞合

附带民事诉讼与刑事和解的竞合，其实就是民事责任与刑事责任的竞合。

人民法院在审理附带民事诉讼案件时，可以进行调解，也可以根据物损情况作出判决、裁定。虽然现行法律并未将被告人赔偿损失作为法定量刑情节予以从轻处罚。但随着司法的进步，需要重新考虑赔偿损失与刑事处罚在刑事附带民事诉讼中的关系，即重视解决我国附带民事诉讼对被告人刑事量刑的影响。为保证司法工作人员在司法实践中切实保障被害人和被告人的合法权益，有必要在法律规定中，就附带民事部分损失的赔偿程度与减轻刑事责任之间的衔接问题予以明确。但并不意味着可以简单地将民事赔偿数额与从轻量刑幅度挂钩，而是要结合案件的具体情况，根据被告人参与调解的目的动机、积极性、实际履行情况、双方当事人过错大小等综合判断。对于罪行严重、造成极大负面社会影响的犯罪分子，出于只是想通过赔偿损失来逃避应有的法律制裁，而非真心悔罪，不能仅仅考虑赔偿了被害人的民事损失就给予刑事责任的从宽处理，在这种情况下，犯罪分子的主观恶性和人身危险性仍然没有因此而降低，其赔偿被害人的物质损失只是尽到了应尽的法律义务。人民法院在量刑时，对已经积极主动赔偿被害人或其他权利人物质损失，且被害人已经谅解的被告人，考虑从轻处罚，有利于促使被告人真诚悔罪，主动赔偿被害人损失，从心理上更好地使被害人得到实际安抚和抚慰。①

---

①　张澌珉：《刑事附带民事诉讼实证调查研究》，西南政法大学2012年硕士学位论文。

刑事和解和附带民事诉讼两种制度，实质上都是当事人就民事部分协商调解后达成和解，并就如何处理刑事部分发表意见，最终由办案机关根据案件的实际情况依法作出处理。民事责任和刑事责任分别属于不同的责任范畴，性质不同，作用不同。无论是在附带民事诉讼中，还是在刑事和解中，被告人都是通过赔偿被害人的损失来承担民事责任，以期获得刑事责任承担上的从宽处理，即这是否表明被告人承担了民事责任就等于代替了承担了一部分刑事责任？

民事责任是这民事主体违反民事义务所产生的民事法律后果，依法应由民事主体承担。① 意味着，当事人双方就责任的分配和承担，可以在法律允许的范围内进行协商，通过被告向被害人直接赔偿的方式，对被害人的损失进行赔偿。刑事责任具有显著的强制性，不允许双方就责任的承担进行协商，必须由被告人直接向国家承担，以惩罚被告人的犯罪行为。有人认为，如果一个人犯了罪，从他开始实施犯罪行为的时候，就已经与国家发生了刑事法律关系，这就意味着，刑事责任的实质是犯罪人与国家及其司法机关之间的权利义务关系。② 从上述概念分析可知，民事责任与刑事责任在分立时基于功能的不同而存在诸多差异：在功能上，民事责任主要是通过行为人承担责任，使其恢复到未受损害前的状态；而刑事责任则是通过行为人承担刑事责任，使犯罪行为得到应有的惩罚，对行为人和广大市民起到警示作用，达到预防犯罪的目的。在对主观过错的要求上，民事责任的实质是犯罪还原所造成的后果，所以主观方面的故意和过失在责任承担上差别不大；刑事责任的作用在于对犯罪行为的预防和惩罚，以行为人“故意”侵犯国家利益和社会利益为主要对象，在特殊情况下考虑过失，对无过错的行为，行为人不负刑事责任。二者在承担责任的形式上存在差异，各自具有独立的价值和作用，具有不可替代性。由于民事责任与刑事责任在性质、归责原则、作用、方式等不同，在犯罪行为造成被害人损失的情况下，既要追求加害人的刑事责任，又要追究加害人的民事责任。

加害人对于自己的犯罪行为，一方面要向国家承担刑事责任，另一方面

---

① 魏振瀛：《民法》，北京大学出版社、高等教育出版社 2007 年版，第 45 页。

② 高铭暄：《刑法原理（第一卷）》，中国人民大学出版社 1993 年版，第 419—420 页。

还要承担民事责任。并且在附带民事诉讼和刑事和解制度中，加害人向被害人主动承担民事责任后，能够减轻其承担刑事责任的程度，承担民事责任的情形影响了刑事责任的“量”。刑事责任是质与量的统一，其程度既取决于犯罪行为的社会危害性，又取决于犯罪人的人身危险性，即体现了相当的刑法罪刑责原则、个别化的刑罚原则。相当原则的刑罚罪刑责，要求国家在追究行为人刑事责任时，一定要考虑犯罪行为的社会危害性，罪重则判重，罪轻则判轻。刑罚个别化原则认为每个行为人的情况不同，国家在追究行为人刑事责任时，为了消减和纠正行为人的犯罪倾向，需要考虑行为人的人身危险性。司法机关在对行为人量刑时，应当根据其人身危险性大小，在法定刑幅度内，或者在法定刑的基础上，对行为人判处适当的刑罚。而影响司法实践中刑罚个别化的事实还有很多，罪犯罪后表现是重要考量之一。行为人真诚悔罪，积极主动向被害人作出民事赔偿，体现了其人身危险性的减小，属酌定量刑情节。虽然，相对于法定量刑情节，在法律上对酌定量刑情节没有具体明确的规定，但它反映了犯罪行为的社会危害性，反映了犯罪人的人身危险性，因而对量刑产生了影响。对照作为法定量刑情节的自首、立功等，加害人在诉讼过程中主动向被害人承担民事责任的行为，体现了加害人认罪悔罪、弥补犯罪行为所致损失的心态，因而具有与自首、立功同等的作用。不仅如此，与自首、立功等法定量刑情节相比，加害人通过主动向被害人主动承担民事责任的行为，在事实上减轻了被害人因犯罪行为而遭受的损失，使被害人心灵得到抚慰，从而降低了犯罪行为的社会危害性。由此，当加害人积极主动地承担民事责任时，可以减轻其刑事责任。当然，这并不是说刑事责任已经转化为民事责任，而仅仅是表明通过加害人承担民事责任，体现了人身危险性降低、社会危害性减小对刑事责任程度的冲击。

结合我国当前刑事司法实践的情况，承认加害人在刑事和解制度框架下承担民事责任的状况，能够对其承担刑事责任的程度产生影响，也是对当前我国附带民事诉讼赔偿范围狭窄、执行难等问题的一种补救措施。在附带民事诉讼中，如果仍然坚持将刑事责任与民事责任断然分开，那么无论被告人是否承担民事责任，其承担的刑事责任的多少都无法改变，必然会极大地打击被告人赔偿被害人损失的积极性。即使法院通过判决使被告承担赔偿责任，由于这种承担责任的形式缺乏鼓励性和积极性，也会使被告通过各种手段和手段来掩饰、转移财产，与执行民事判决相对抗，使附带民事判决形同虚设。这种机制既损害了司法权威，又损害了被害人的现实利益。因此，在刑事和解制度中，对于真心悔罪并主动承担民事责任的加害人，法院可能会结合案件的实际情况，给予刑事责任数额上的减免，有利于促使愿意其主动承担民事责任，及时有效地维护被害人的利益。但需要注意的是，在刑事和解制度中，加害人主动向被害人承担民事责任，并非加害人减轻刑事责任的直接依据。必须认真区分执行刑事和解制度与“花钱买刑”的区别。在司法实践中，对于没有深刻认识到自己的犯罪行为给国家、社会和他人带来严重后果的加害人，并不是发自内心的悔改，其人身危险性并没有降低，而仅仅是以金钱换取减轻刑事责任，其危害并没有减轻。与之相对的被害人，由于经济利益的考虑，接受加害人的赔偿，并因此表示放弃对加害人的刑事追究，主动要求撤诉的，就形成了赤裸裸的“钱刑交易”现象。刑事和解制度与“花钱买刑”和“钱刑交易”最重要的区别在于，它不能在加害人没有悔罪表现的前提下，仅凭其所获赔偿的钱款数额给予减轻刑事责任的优惠。厘清两者最根本的界限，在于加害人是否真心悔罪，是否真心道歉，是否取得了被害人的谅解。虽然经济赔偿是真诚悔罪的表现之一，但如果当事人以降低刑罚标准作为自己赔偿数额的协商条件，即表明加害人的赔偿是为了“买刑”，严重违背了刑事和解的先决条件，即使当事人双方达成和解协议，也是不被准许的。① 在刑事和解制度中，强调加害人与被害人的和解，必须经过司法机关的审查，才能影响刑事案件的办理。这一过程，实质上是通过加害人的悔罪态度，来体现其人身危险性的降低，社会危害性的减小。因此，加害人刑事责任的减轻，其直接原因在于其人身危险性的减小，社会危害性的降低。刑事和解没有将民事责任和刑事责任混为一谈，也没有改变二者的不可转换性。

在附带民事诉讼和刑事和解制度中，加害人最终可能通过主动承担民事责任而减轻自己的刑事责任。但是，犯罪嫌疑人、被告人主动向被害人承担民事责任的量刑情节，并不能影响其行为的定罪，即不能因犯罪嫌疑人、被告人承担了民事责任而免除其承担刑事责任。作为两种性质不同的责任，民事责任和刑事责任的实现根据也是不同的。承担民事责任的依据是由于加害

① 李松，黄洁：《最高检首次公开表示：刑事和解不是“花钱买刑”》，载《法制日报》2008 年 12 月 8 日。

人的行为造成了受害人的损害，其核心在于损害结果的出现，承担民事责任的目的在于恢复被侵害的社会关系，通过加害人弥补受害人的损害，实现民事赔偿功能。承担刑事责任的依据是犯罪人的犯罪行为，责任的核心在于发生了严重的危害行为，承担刑事责任的目的是通过使加害人承担刑事责任对其犯罪行为给予否定性评价，发挥惩治犯罪、预防犯罪的作用。由此可知，有犯罪行为的存在必然要负刑事责任，即使犯罪没有造成任何损害，但加害人只要犯罪发生就必须负刑事责任。加害人实施犯罪行为后，积极履行赔偿责任，在量刑时可根据其人身危险性降低、犯罪行为社会危害性减小等情形从轻或减轻处罚，在特定情形下可对其免刑。不过，定罪免刑也是一种实现刑事责任的方式，并没有因此而否定加害人仍需承担相应刑事责任的说法。无罪就无责，有罪就有责，有罪而无责理论上是行不通的。因此，可以将刑事和解理解为刑罚方法的代替，而不是刑事责任的代替。在罪与责的关系体现为必然的线性联系的前提下，只要刑事和解成为犯罪成立后的某种反应方式或法律效果，就不可否认其成为刑事责任实现方式的性质。正因为民事责任与刑事责任的衔接转换及其实现形式的变化，加害人在附带民事诉讼和刑事和解中，对民事责任的承担更加积极主动，从而获得了刑事责任的减轻。

图书在版编目（CIP）数据

认罪认罚从宽制度背景下刑事和解与附带民事诉讼的协调 / 穆远征著. -- 湘潭 : 湘潭大学出版社, 2022.9
ISBN 978-7-5687-0858-6

Ⅰ. ①认… Ⅱ. ①穆… Ⅲ. ①附带民事诉讼－关系－刑事诉讼－和解－研究－中国 Ⅳ. ① D925.1 ② D925.214.4

中国版本图书馆 CIP 数据核字（2022）第 159372 号

认罪认罚从宽制度背景下刑事和解与附带民事诉讼的协调

RENZUI RENFA CONGKUAN ZHIDU BEIJING XIA XINGSHI HEJIE YU FUDAI MINSHI SUSONG DE XIETIAO

穆远征 著

责任编辑：刘文情
封面设计：张 波
出版发行：湘潭大学出版社
社　　址：湖南省湘潭大学工程训练大楼
电　　话：0731-58298960 0731-58298966（传真）
邮　　编：411105
网　　址：http://press.xtu.edu.cn/
印　　刷：长沙创峰印务有限公司
经　　销：湖南省新华书店
开　　本：710 mm×1000 mm 1/16
印　　张：11.25
字　　数：192 千字
版　　次：2022 年 9 月第 1 版
印　　次：2022 年 9 月第 1 次印刷
书　　号：ISBN 978-7-5687-0858-6
定　　价：50.00 元